Reservado Derecho de Autor © 2024 Diego M.P

(DMP_THIEN)

Queda prohibida la reproducción total o parcial de este libro, así como su incorporación a un sistema informático, sin la autorización expresa del autor. Cualquier uso no autorizado constituirá una violación de los derechos de autor y será objeto de las acciones legales correspondientes.

Si necesita fotocopiar o escanear algún fragmento de este libro, puede contactar con Diego M.P a través de:

correo electrónico
optimiceresources@gmail.com

IG: @DMP_THIEN

*A mis queridos hijos,
Este libro es el resultado de un viaje lleno de aprendizaje y crecimiento. A lo largo de estas páginas he dirigido mis pensamientos en tratar de, algún día, ser útil para vosotros.
Quiero dedicaros este libro ya que sois mi mayor motivación.
Que estas palabras sirvan como recordatorio de lo que vuestra madre y yo os queremos. Ojalá algún día encontréis en estas páginas, no sólo conocimiento, sino también el amor y dedicación de unos padres que siempre estarán a vuestro lado.
Diego M.P*

GENERAR DINERO DESDE CERO, ES POSIBLE. GENERARLO DESDE UNA BASES MÍNIMA, ES MUY POSIBLE. Y GENERARLO DESDE UNA BASE INSTAURADA, ES FÁCIL.

OPTIMIZAR RECURSOS TALES COMO EL ESFUERZO, LA IMAGINACIÓN Y EL CONOCIMIENTO, ES LA CLAVE.

PARA TOMAR EL CONTROL DE TU FUTURO ECONÓMICO ES VITAL APRENDER CÓMO HACER QUE TU DINERO TRABAJE PARA TI.

DÉJAME CONTARTE PARTE DE MI HISTORIA BASADA EN MIS COMIENZOS TRATANDO DE OBTENER "LA LLAVE DE LO QUE PARA MÍ ES LA LIBERTAD FINANCIERA."

PARTE I
HISTORIAS REALES: PROPIAS Y DE OTROS

Capítulo 1: Reflexiones sobre el destino: Una perspectiva personal	8
Capítulo 2: El inicio de mi camino	15
Capítulo 3: Reforzando los Cimientos del Camino	25
Capítulo 4: Primera hipoteca: de deuda a ingreso pasivo	32
Capítulo 5: El Despertar de mi Mente	45
Capítulo 6: Crear una oportunidad de una simple conversación	54
Capítulo 7: Aplicando el Conocimiento en favor de un Amigo	64
Capítulo 8: Eduardo y Teresa: Una oportunidad en espera	71
Capítulo 9: Monetizar: Dominar el arte de convertir pasión en ganancias	82
Capítulo 10: Tomando decisiones: Estrategias sin riesgo de gestión del ahorro para seguir obteniendo ingresos pasivos	91
Capítulo 11: Convertirse en arrendatario: una opción	100
Capítulo 12: La conclusión de todas las conclusiones: Uniendo los hilos	109

PARTE II
APRENDER A CREAR DISCIPLINA FIANANCIERA: LAS CLAVES

Introducción	114
Clave I: Conocer los impuestos y las normas, minimiza riesgos y clarifica los escenarios	117
Clave II: La balanza de la relación tiempo – rentabilidad en las inversiones	121
Clave III: Cultivar la salud y la mente	125
Clave IV: Ser buena persona	129
Clave V: Aplicar la psicología: Saber gestionar nuestras ideas, evaluando cuidadosamente a quién, cuándo y cómo compartirlas	132
Clave VI: Actuar solo para impresionar a otros, no es inteligente	135
Clave VII: Vive dentro de tus posibilidades	137
Clave VIII: Serás el promedio de con quién te juntes	142
Clave IX: Invertir no es ir al casino	146
Clave X: La necesidad de un fondo de emergencia	151
Clave XI: El dinero no compra la felicidad, pero sí ayuda a obtenerla	157

PARTE I

"HISTORIAS REALES:

PROPIAS Y DE OTROS"

Capítulo 1

Reflexiones sobre el destino: Una perspectiva personal

No soy rico, ni aspiro a serlo. Mi único objetivo en esta vida es asegurarme de ser dueño de mi propio futuro sin depender de terceros. ¿Qué significa esto para mí? Significa que no puedo permitir que mi destino esté completamente ligado a la empresa para la que trabajo. En un mundo volátil e incierto, nadie puede garantizar la estabilidad de nadie.

Tampoco puedo confiar mi futuro económico ni el de mi familia a la expectativa de mantener un estado de salud y bienestar óptimo a lo largo de los años. Aunque espero que la salud continúe siendo una aliada, no puedo ignorar la posibilidad de tener que enfrentar desafíos imprevistos en el camino.

Por supuesto, no estoy dispuesto a dejar mi jubilación en manos del Estado. Con prácticamente 30 años aún por delante de vida laboral, veo cada vez más improbable que el sistema de pensiones, tal como lo conocemos hoy, perdure durante las próximas décadas. Mi pensar es que existe una alta probabilidad de que, después de toda una vida cotizando, las pensiones puedan no ser sostenibles en el futuro.

Por eso, estoy decidido a tomar las riendas de mi futuro financiero, buscando alternativas que permitan construir una base sólida para mí y mi familia, independientemente de lo que pueda suceder en el panorama económico y social. Ser dueño de mi futuro es una prioridad.

Estas reflexiones podrían interpretarse como las de una persona agorera, pesimista o extremadamente cautelosa. Sin embargo, están fundamentadas en la realidad de la enorme ***deuda pública*** que enfrenta nuestro país en este momento. Si tuviera que hacer una apuesta importante, comparada con una inversión, apostaría a que mis hijos, de 1 y 4 años, cuando alcancen mi edad actual, seguirán lidiando con el peso de esa deuda.

Son tiempos difíciles los que estamos viviendo en cuanto a economía se refiere. Es evidente cómo las grandes fortunas siguen aumentando su riqueza, mientras que la clase media se ve cada vez más reducida en términos económicos.

Observo cómo los jóvenes que se incorporan al mercado laboral hoy en día, deben enfrentarse a enormes desafíos para obtener condiciones salariales dignas, independientemente de su nivel de formación. También veo que aquellos que ya están establecidos en el mercado laboral no están siendo remunerados adecuadamente en relación con su productividad real.

Además, es una realidad cómo la *inflación** actual está perjudicando lo que antes se consideraba un salario digno, al tiempo que afecta también a los ahorros de quienes pueden permitírselo.

Culpar a los empresarios medianos que brindan empleo no es del todo justo, ya que, muchos de ellos están atrapados en la misma noria. Estos arrastran una cadena de impuestos desproporcionados, lo cual es una resta para la capacidad de ajustar los salarios a la realidad del costo de la vida. Están sujetos a un sistema que no les permite retribuir adecuadamente a los trabajadores en medio de una inflación que continúa en aumento.

No me considero superior a nadie, ni he hecho grandes obras para demostrarlo, y tampoco me defino como un visionario que tenga la solución. Soy consciente de que mi historia y las ideas que tuve hace 14, 12 y 10 años han cambiado con el tiempo económicamente hablando. Sin embargo, sí que soy rotundo a la hora de indicar que el aprendizaje y la formación, absorbiendo la sabiduría de aquellos más experimentados, son recursos que están al alcance de todos de manera gratuita.

Rendirse, ignorar la realidad o culpar al entorno puede parecer lo más fácil pero, para mí, estas actitudes significan aceptar la derrota. Elegir el camino de la lucha y aplicar una defensa fuerte para que los golpes del exterior sean esquivados o menos dolorosos es una buena idea. Siempre y en cada momento, estamos a tiempo de todo.

Yo aún no he terminado; de hecho, apenas he comenzado. Nunca estaré por encima de nadie, ni montaré castillos de oro, pero sí tengo claro que es necesario coger la mochila y emprender un viaje que dentro de lo posible me dé <u>la llave de mi futuro.</u>

Con este libro mi intención es narrar parte de mi historia y hechos admirables de aquellos que me rodean, con el único propósito de compartir ideas, motivar y alertar sobre un hecho. Desde las altas esferas nacionales y mundiales desean que nos conformemos, que no progresemos (por mucho que esto sea un lema actual) y que permanezcamos en la ignorancia. Es hora de salir del laberinto y buscar nuestro propio camino hacia nuestro propio progreso, no hasta el progreso que otros quieren.

Puedo asegurar y afirmar con total certeza que hace poco más de 15 años me encontraba viviendo apalancado y dejándome llevar por las influencias del entorno. Sin embargo, fue al escuchar y preguntar a aquellos más sabios, al sumergirme en ambientes menos convencionales y al leer títulos de figuras inspiradoras como Robert Kiyosaki, autor del libro 'Padre Rico, Padre Pobre', cuando mi forma de pensar experimentó un cambio radical.

La historia de Robert Kiyosaki puede ser considerada como más valiosa que la mía, de hecho lo es, nada tiene que ver mi escaso poder económico y de influencia sobre los demás con el suyo, pero también es cierto que es mucho más antigua y, sin embargo, para mí sigue actualizada, siendo todavía relevante y útil para muchos. Lo importante no es pensar que antes las cosas costaban menos que ahora, por ello, aunque el valor de las cosas haya cambiado desde su época hasta hoy, las ideas, el esfuerzo y el conocimiento nunca pasan de moda. En mi caso, seguiré manteniendo la misma filosofía de vida, tanto en lo personal como en lo económico. Si con este título y mi experiencia puedo ayudar a cambiar la percepción de alguien, evitar que caiga en el apalancamiento y contribuir a ampliar su conocimiento, me sentiré satisfecho. Ojalá que copiar mi camino o el de otras personalidades más relevantes fuera la solución, pero creo que esto no es así de sencillo, cada uno tiene sus propios recursos, lo que sí es cierto que con las ideas de otros puedes generar las propias.

Es importante ser agradecido con aquellos que nos han influenciado positivamente, ya sea a través de sus libros o de sus acciones directas. Por eso, quiero ser uno de esos agentes de cambio, aportando ayuda con mi granito de arena. Narraré el punto de partida de mi viaje contando parte de mi camino.

CONCLUSIÓN:

- El valor económico de las cosas puede fluctuar con el tiempo debido a la inflación, la demanda del mercado y los cambios en la oferta.

- Sin embargo, hay que entender que el valor de las <u>ideas, el esfuerzo y el conocimiento</u> es atemporal.

- Estas palabras son vitales para el crecimiento personal, también para el financiero, independientemente de las circunstancias económicas que acontezcan y del entorno que nos rodea.

- Lo crucial es adaptarse a los cambios y aprender de experiencias presentes y pasadas.

- Es necesario luchar contra los que nos perjudican.

- La idea es tratar de construir un futuro idóneo basado en una mentalidad fija y en una formación continua.

GLOSARIO:

- ***Deuda pública*:** *Es el dinero que un gobierno debe a inversores, bancos o incluso a otros países. Es como un préstamo que el gobierno solicita para cubrir gastos (infraestructuras, salario público,…) que no puede cubrir con sus ingresos. La deuda se devuelve con un interés en un tiempo acordado, y su nivel puede influir en la economía de un país.*

- ***Inflación*:** *Es un aumento generalizado en los precios de bienes y servicios en una economía durante un período temporal. Básicamente, significa que con tu dinero compras menos cosas porque los precios suben, lo que afecta al bienestar económico de las personas.*

Capítulo 2

El inicio de mi camino

Mi nombre es Diego y quiero contarte en este primer capítulo cómo logré multiplicar por cinco los ingresos de un local diáfano.

He ido aprendiendo a observar a los más sabios en la materia, aprovechando oportunidades a nivel de ideas. También he ido comprendiendo normativas estatales, que por ejemplo me llevaron a poner en marcha la reforma de un inmueble (local diáfano) optando a la devolución del *Impuesto Sobre el Valor Añadido (IVA)**, y así reducir la inversión inicial.

Con este capítulo pretendo compartir mi experiencia y mostrar que, con observación y una estrategia definida se pueden convertir metas financieras en realidades.

En un mundo de expectativas y desafíos para los menos conformistas, allá por el año 2009, yo era un recién graduado universitario que se encontró en la encrucijada de su carrera... Entrar en el mercado laboral fue un paso emocionante, pero pronto me enfrenté a la realidad: mi falta de experiencia no se correspondía con las altas expectativas salariales que tenía en mente.

Después de reflexionar sobre esta situación, me di cuenta que tenía dos opciones claras:

- La primera, era la tentadora idea de lanzarme como emprendedor, arriesgándome en el ***mundo empresarial por cuenta propia****.

- La segunda, más conservadora pero igualmente prometedora, implicaba seguir acumulando ahorros a través del salario y aprovechar la comodidad de vivir con mis padres para construir gradualmente un camino hacia lo que yo entendía como libertad financiera.

Decidido a tomar el control de mi futuro financiero, elegí el segundo camino.

Con implicación e insistencia seguí trabajando para la empresa en la que estaba contratado, un Gabinete de Asesoría Empresarial donde he ido teniendo la oportunidad de aprender de los compañeros más veteranos, a la vez que he establecido lazos con una gran variedad de clientes dedicados a sectores como la construcción, la hostelería, el comercio en general y otros servicios.

Aprovechando la circunstancia, hace varios años que me adentré de lleno en el mundo de las finanzas personales y la inversión.

Con mente abierta y sed de aprender, desde aquel entonces, comencé a administrar mi dinero con paciencia y de forma cautelosa, por lo que he ido estableciendo metas financieras realistas buscando oportunidades de inversión rentables.

Para nutrir mi entendimiento financiero, he creído (y creo) que es necesario sumergirme en una variedad de recursos. Además de aplicar lo aprendido en mi propio trabajo, fortalecí (y sigo fortaleciendo) las relaciones sociales con personas que considero sabias, y también leí (y sigo leyendo) algún libro escrito por gente de éxito confirmado en el ámbito financiero, algo que sin duda es importante. Reconocer el valor de aprender de quienes ya han alcanzado un éxito y buscar absorber ese conocimiento lo entiendo como necesario para aplicarlo en mi vida.

En aquel momento estaba muy mentalizado para aprovechar cada recurso disponible, asimilando que el conocimiento es la clave para un éxito a largo plazo.

Mientras reflexionaba, recordé un recurso en la práctica, vacío, pero valioso si se lograba explotar. Se trataba de una propiedad de la familia: un local diáfano de 140 m2 del que disponían mis padres.

Adquirido décadas atrás como cobertura financiera por incertidumbre en el ámbito laboral de mi padre, el local se encontraba en una ubicación estratégica en las afueras de la ciudad, con facilidades de aparcamiento y cerca de entidades bancarias.

Actualmente, estaba arrendado como almacén por una suma modesta de 200 euros al mes.

Después de semanas de reflexión, con 24 años por aquel entonces, desarrollé un plan detallado para ***aumentar la rentabilidad*** del local. Me asesoré en mi entorno laboral consultando a empresarios del sector de la construcción y presenté la propuesta a mis padres, proponiendo una inversión conjunta de 50 mil euros, impuestos incluidos (42.372 euros en ***base imponible****. El tipo impositivo era del 18%), para transformar el local en 4 despachos individuales, un pasillo de recepción, baños compartidos, y así alquilarlos a pequeños empresarios autónomos.

Con un alquiler mensual de 250 euros por despacho, calculé que se podría recuperar la inversión en unos cinco años. Previamente pensé que era más factible obtener 1.000 euros alquilando el local a 4 personas diferentes, que si lo arrendaba a una sola.

El plan incluía la obtención de un ***epígrafe de IAE**** como Actividad Económica destinada al arrendamiento y la posterior solicitud de devolución del IVA a la **AEAT*** pagado en la inversión inicial, además de una estrategia de alquiler cuidadosamente diseñada.

Con ingresos mensuales proyectados de 1.000 euros, estimé que podría obtenerse un flujo de efectivo constante una vez que se recuperara la inversión inicial.

Debido a la coherencia del plan, mis padres aceptaron la propuesta con entusiasmo. Juntos nos lanzamos en este nuevo proyecto con la esperanza de alcanzar nuevos objetivos financieros y así, asegurar un futuro con un incentivo económico procedente de esta inversión.

Para visualizar el plan, el detalle numérico del proceso es el siguiente:

Datos de ahorro previo a la inversión	Importes
Ahorros desde que nací en cuenta de ahorro creada por mis padres (aportación mensual fija)	10.000 euros
Ahorros personales	10.000 euros
Ahorros del mercado laboral	15.000 euros
Total de ahorros antes de la inversión	35.000 euros

Detalles de la Inversión	Importes
Inversión total	50.000 euros
IVA (18% en 2012) devuelto por Hacienda	-7.628 euros
Monto real de la inversión (sin IVA)	42.372 euros
Monto a pagar por cada parte (sin IVA)	21.186 euros
Ahorro disponible después de la inversión	13.814 euros

Descripción del tiempo estimado para amortizar la inversión	Datos
Fin de las obras e inicio de los alquileres	Enero de 2012
Ingresos netos anuales (después de pagar IVA trimestral + seguro + IBI)	9.200 euros
Inversión inicial	42.372 euros
Tiempo estimado para amortizar la inversión (42.372 / 9.200)	4,6 años
Ganancias acumuladas en los próximos 10 años después de amortizar (manteniendo el flujo de ingresos)	92.000 euros
Ganancias acumuladas en los próximos 10 años para cada parte (manteniendo el flujo de ingresos)	46.000 euros

NOTAS:

- El único imprevisto identificado hasta la fecha (2024), surgió en la reparación del sistema de climatización por valor de 5.000 euros (2022). Este gasto inesperado no es influyente en la planificación financiera por su poca afectación a la viabilidad de la inversión.

- Actualmente, el precio del alquiler se ha reducido en 200 euros. Esta modificación se debe a un acuerdo con uno de los inquilinos, un profesor de clases particulares de habla inglesa que a día de hoy es un buen amigo (le llamo Míster). - En un capítulo posterior, hablaré de él.-

La propuesta ha consistido en que Míster asuma la totalidad del local considerando que tras su crecimiento empresarial el local se le ha quedado relativamente pequeño.

Míster comenzó como profesor ***autónomo**** con un pequeño despacho para clases particulares y ha expandido su negocio hasta tener una academia de renombre en la ciudad. Al necesitar todo el espacio del local, ahora dispone del inmueble al completo por un importe de 800 euros con una única condición: que ha de ser responsable de todos aquellos imprevistos que surjan.

Desde mi perspectiva esto representa una ventaja significativa. La circunstancia ha supuesto un ahorro considerable de tiempo para mí. Esta nueva dinámica convierte los ingresos del local en ***ingresos 100 % pasivos****, lo cual valoro más en estos momentos que los 200 euros adicionales que podría obtener.

Todo es cuestión de valorar la balanza personal. Es respetable que cualquier otra persona prefiera ganar 200 euros más al mes aportando la porción de trabajo que ello requiere. Sin embargo, aunque la proyección de ingresos se haya visto reducida, tener más tiempo para dedicarme a otros campos es más valioso para mí en estos momentos.

CONCLUSIÓN:

A día de hoy, percibo esta inversión como un ejemplo de haber empezado a educarme financieramente hablando, asimilando que la motivación por aprender puede transformar nuestra forma de pensar.

Desde el momento en que me enfrenté a la realidad de las expectativas salariales de mi primer trabajo, hasta el momento en que desarrollé un plan para aprovechar al máximo un recurso familiar subutilizado, sentí una especie de visión que, añadida a otros planes podrían ayudarme a iniciar un camino hacia mi concepto de libertad financiera.

Al elegir acumular ahorros y aprender a invertir multiplicando los ingresos del local, no solo traté de iniciar un camino para un mejor futuro financiero, sino que contando la historia, también he tratado de conseguir que otros aprendan.

El compromiso con la educación financiera y la disposición para aprender de quienes ya han alcanzado un éxito, es una forma de aprovechar las oportunidades para lograr obtener un buen futuro.

El conocimiento y la disciplina ayudan a elaborar ideas como la de "que si por nosotros mismos no podemos afrontar un plan, siempre podemos plantear a otros esa iniciativa para que realicen su aportación", de forma que, si se establece un beneficio para las partes, la operación tiene un porcentaje más alto de que se realice.

GLOSARIO:

- *Impuesto Sobre el Valor Añadido (IVA)*: Es un impuesto indirecto que se aplica a la mayoría de las transacciones de bienes y servicios. Cada vez que solicitamos un servicio o compramos algo, pagamos un porcentaje adicional como impuesto sobre el valor agregado (Base Imponible). Sin embargo, las empresas no asumen directamente este impuesto; más bien, lo cobran a sus clientes y luego lo transfieren al gobierno. Esto significa que es el consumidor final el que finalmente soporta el peso del impuesto pudiéndose a su vez deducir en el caso de tener una actividad económica o empresarial. Por ello, es una fuente importante de ingresos para el gobierno cuando el consumidor es una persona física (no realiza ninguna actividad) y se utiliza para financiar gastos públicos.*

- *Mundo empresarial por cuenta propia = autónomo*: Significa que eres tu propio jefe y trabajas para ti. En resumen, ser autónomo implica* *tener independencia laboral y asumir la responsabilidad completa de tu negocio.*

- *Aumentar la rentabilidad*: Es buscar formas de hacer que el dinero trabajado o invertido genere más beneficios.*

- *Base imponible*: Es el importe sobre el cual se calcula el impuesto que una persona o empresa debe pagar. En este caso, ha sido el importe sobre el que se calcula el IVA.*

- *Epígrafe de IAE (Impuesto sobre Actividades Económicas) *: Es una clasificación que identifica la actividad principal de una empresa o autónomo para fines fiscales, siendo como una etiqueta que identifica y describe la actividad del negocio.*

- *AEAT*: Agencia Estatal de Administración Tributaria. Es una institución gubernamental en España encargada de gestionar y administrar los impuestos y otros aspectos relacionados con la tributación.*

- *Ingresos 100 % pasivos*: Son aquellos ingresos que se generan sin necesidad de realizar una actividad activa o de trabajar de forma directa para obtenerlos, es decir, ingresos que nos llegan sin tener que intercambiar tiempo por dinero de manera directa.*

Capítulo 3

Reforzando los Cimientos del Camino

Hoy en día estoy felizmente casado con mi mujer, Nica, y juntos hemos formado una familia con dos adorables hijos. Es imprescindible mencionar a Nica en esta etapa de mi historia, ya que desempeñó y está desempeñando un papel fundamental en mis siguientes pasos hacia mi concepto de libertad financiera. Después de realizar mi primera inversión en un **bien raíz***, propuse diseñar un plan para adquirir una vivienda sin comprometer mi todavía limitado poder adquisitivo. Este plan, a la larga, abriría las puertas a nuevas oportunidades.

Un año después de la primera inversión, Nica y yo decidimos dar un paso importante y mudarnos juntos, antes incluso de contraer matrimonio o tener a nuestros hijos. Mi comprensión sobre el manejo del dinero seguía evolucionando, y estaba arraigado en mi mente el concepto de que gastar grandes sumas de dinero debía ser una decisión cuidadosamente considerada. La idea de adquirir un coche nuevo de lujo o hipotecarnos de por vida por una vivienda en los barrios de moda simplemente no encajaba con mi visión financiera.

Partiendo de ahí, la solución estaba dentro de mi propia familia, donde la figura de mis padres se erigía como un faro de sabiduría financiera. Al mencionar nuevamente a mis padres, queda patente su dedicación y habilidad para administrar sus recursos económicos de manera prudente a lo largo de sus vidas. Aunque no se adentraron profundamente en el mundo de las finanzas, supieron asegurar un futuro estable para ellos y para sus hijos. Si bien no poseen una fortuna destacable en el banco, han sabido gestionar sus ingresos de manera que han podido disfrutar de una vida cómoda y con miras al futuro.

En cuanto a sus propiedades inmobiliarias, mencionar que disponen del local descrito en la historia anterior; una casa adosada de clase media, que es su residencia habitual; una pequeña casa de pueblo en el lugar de nacimiento de mi padre y un modesto piso ubicado en uno de los barrios obreros de la ciudad, que jugará un papel central en mi historia.

Estructurada la idea inicial analicé este inmueble con detenimiento. La finca donde se encuentra estaba en buenas condiciones de construcción; de hecho, sigo creyendo a día de hoy que las construcciones de hace 40 años poseen una calidad superior a las actuales. Este lugar es especial para mí, ya que fue donde nací y pasé los primeros 14 años de mi vida junto a mis padres. Al pensar en la vivienda, supe que necesitaba una renovación completa, pero esto no fue un obstáculo para proponer si estarían dispuestos a prestármela y darle un nuevo aspecto. Por supuesto aceptaron, pero la responsabilidad de la renovación recaería en mí.

Llegado este punto, mi novia en aquel entonces (ahora mi esposa) entró en escena, y le planteé colaborar juntos en este proyecto. Pensé que si uníamos nuestros esfuerzos, podríamos convertir el piso en un hogar completamente renovado. Esta situación resalta nuevamente la importancia de buscar apoyo cuando uno se enfrenta a limitaciones económicas, mostrando, como ya dije en el anterior capítulo, que trabajar en equipo puede ser la solución a tales desafíos, ya que la inversión se comparte al 50%.

Con el objetivo de reformar el inmueble, solicitamos presupuestos y exploramos diferentes opciones. El costo estimado de la renovación rondaba los 40.000 euros, una cifra que debíamos reducir para mantener un remanente en nuestras cuentas y así disponer de efectivo ante posibles imprevistos y financiar un posible nuevo proyecto. De este modo, propuse buscar formas de recortar los gastos. Finalmente, llegué a las siguientes conclusiones:

1. Decidimos encargarnos nosotros mismos de quitar los antiguos solados y alicatados utilizando una máquina que nos prestó un vecino.

2. Optamos por transformar el cuarto de la caldera de gasoil en un segundo baño, el cual limpiaríamos nosotros mismos también. Además, planeamos aprovechar una subvención para instalar un sistema de calefacción basado en gas ciudad.

3. Elegimos instalar suelo de tarima flotante, la opción más económica, que adquirimos en una gran superficie a bajo coste. Además conseguimos la ayuda de mi tío, un "manitas", para su instalación.

4. Logré canjear el costo de la mano de obra de albañilería utilizando mis conocimientos en temas fiscales, contables y financieros. El albañil encargado (que ahora vive en Londres) era un cliente mío, que con el tiempo se convirtió en un gran amigo. Yo había estado asesorándolo de forma casi gratuita para establecerlo como empresario en España y le ayudé a facilitar la vida de su familia en nuestro país. Posteriormente lo instruí en cómo liquidar los impuestos correspondientes y centrarlo, tributariamente hablando. Volviendo a la cuestión, al mencionarle mi situación, él me propuso realizar el trabajo sin costo alguno, sólo tuve que ocuparme de comprar los materiales necesarios.

Resumiendo lo redactado, el importe de renovar nuestra primera vivienda se redujo significativamente, limitándose al costo de los materiales, el cambio de ventanas, puertas y la adquisición de muebles y electrodomésticos para la cocina. La reducción del presupuesto inicial en un 30% hizo que la inversión fuera mucho más asequible y manejable, especialmente al repartir la inversión entre dos personas.

Este plan resultó beneficioso para todos los involucrados. Por un lado, obtuvimos nuestra vivienda sin necesidad de contraer una hipoteca, lo que alivió considerablemente nuestra carga financiera. Por otro lado, mis padres se aseguraron de que la propiedad estuviera en buenas manos y bien mantenida, evitando la preocupación de que pudiera quedar ocupada o deteriorarse más en el tiempo. Además, gracias a la renovación completa, la vivienda adquirió un estado óptimo de conservación y quedó completamente nueva.

El hecho de no tener una hipoteca nos permitió acumular ahorros y mantener una situación financiera estable, lo que nos otorgó credibilidad ante cualquier entidad bancaria. Esto nos preparó para afrontar futuras inversiones en bienes raíces con mayor confianza y solidez financiera.

CONCLUSIÓN:

El Capítulo 3 de este libro destaca:

<u>La importancia de la planificación financiera:</u>

- Trabajo en equipo.

- Creatividad y esfuerzo para alcanzar metas económicas.

- Aceptación de mis padres y la colaboración con mi esposa.

- Ser correspondido por trabajo previo, lo que redujo de forma significativa el costo de la mano de obra en albañilería.

- Comprender que, comprar / reformar un inmueble antiguo en lugar de uno de obra nueva de excesivo coste, puede darnos igualmente calidad en todos aspectos, tanto a nivel financiero (menor coste), como de habitabilidad.

<u>También la importancia de aprender de mis padres el valor de administrar sabiamente los recursos</u>, incluso sin una comprensión profunda de las finanzas.

<u>Y finalmente, la decisión de que renovar el piso familiar no solo fue una inversión en nuestro hogar, sino también en nuestro futuro financiero.</u> Al trabajar juntos y aprovechar recursos disponibles, logramos reducir

significativamente los costos y evitar una hipoteca.

Esto enseña que, con ideas y un estudio de aquello que requiere cada situación, podemos superar obstáculos económicos y avanzar hacia nuestros objetivos de una forma más sólida.

GLOSARIO:

- ***Bienes raíces*:** *Son propiedades tangibles, como casas, apartamentos, terrenos y edificios, que pueden ser comprados, vendidos o alquilados con el propósito de inversión o uso personal.*

Capítulo 4

Primera hipoteca: de deuda a ingreso pasivo

Nica, a quien ya he mencionado previamente, es mi esposa y ejerce como enfermera. Por mi parte, ya señalé que me desempeño como contable y asesor fiscal, aunque también realizo trabajos adicionales relacionados con el ámbito económico. Desde que ambos concluimos nuestras respectivas carreras universitarias, nunca nos ha faltado trabajo. Esto significa que somos un matrimonio que percibe ingresos cómodos, clasificados como de clase media, lo que nos permite ahorrar previo tener elaborado un plan. Nuestro enfoque en el ahorro se ve favorecido por nuestra mentalidad de no pretender aparentar más de lo que somos.

Poseemos cada uno un automóvil normal y una casa confortable, aunque ubicada en un barrio obrero de la ciudad. No nos preocupamos por vestir marcas de lujo ni por cenar en los restaurantes más exclusivos. Nuestras vacaciones suelen ser agradables, pero económicas. Esta combinación de aspectos esenciales nos ha permitido, hasta el día de hoy, trabajar, fortalecer nuestros conocimientos y seguir aprendiendo de aquellos que son expertos en la materia. De esta manera, encaramos el camino hacia lo que nosotros consideramos como libertad financiera con la expectativa de que habrá desafíos, pero no obstáculos insuperables.

En poco más de un año desde que comenzamos a vivir juntos, decidimos dar el siguiente paso y casarnos. Gracias al desarrollo del plan para nuestra vivienda habitual, detallado en el capítulo anterior, evitamos contraer una deuda con el banco. Con el pequeño remanente de ahorros que nos quedó, sumados al ahorro generado desde la base de nuestros sueldos y al generoso regalo que recibimos de familiares y amigos por nuestra boda, se nos presentó una oportunidad para adquirir un primer inmueble en propiedad en una cercana ciudad a la nuestra, donde Nica se desempeñaba como enfermera.

A finales del año 2016, el mismo año de nuestra boda, seleccionamos varios inmuebles de diversos portales inmobiliarios como favoritos. Uno de ellos destacaba entre los demás: un piso ubicado en un barrio modesto, pero en una finca bien conservada, además estaba completamente reformado. Este piso, situado en un décimo con ascensor, se encontraba a sólo 10 minutos a pie de las zonas de ocio del casco histórico y a otros 10 minutos de una de las zonas más turísticas de la ciudad. Además, había obras paralizadas por cuestiones económicas y políticas para establecer una nueva línea de metro, sin embargo, apostamos a que en las elecciones municipales del siguiente año, una de las promesas electorales iba a ser finalizar las líneas de metro iniciadas años atrás.

El precio inicial en que el inmueble salió a la venta fue de 110.000 euros, pero en poco más de un mes, se redujo a 99.000 euros. Al cuarto mes, ya estaba en 90.000 euros. Percibí que los vendedores tenían urgencia en vender y decidí llamar a la inmobiliaria para indagar sobre la situación de los propietarios. Me informaron que el matrimonio dueño del piso planeaba mudarse a otra ciudad y necesitaban vender rápidamente para poder comprar en su nuevo destino. Entonces, en la entrada de 2017, les hice una propuesta: adquirir la vivienda por 80.000 euros de forma inmediata, sabiendo que mi banco respondería porque que no teníamos ninguna deuda y, además, teníamos el dinero necesario para la entrada hipotecaria.

Inicialmente la respuesta fue negativa, pero visto que el inmueble no se vendía, persistí en mi idea. Propuse hacer una reserva del inmueble de 6.000 euros y les dije que esperaría una semana para que reconsideraran la oferta. Quería demostrarles nuestra seriedad y viabilidad económica. La inmobiliaria, a pesar de sus dudas, aceptó la propuesta, además reconoció que era la forma de proceder por lo que me invitaron a intentarlo. Pasada una semana, ahí seguía la oferta y, finalmente, aceptaron vender el piso por los 80.000 euros que establecí como propuesta.

Más tarde supimos que esta cantidad era justo lo que los vendedores necesitaban para adquirir su hogar en su nueva ciudad. Este proceso no solo nos permitió comprar nuestra primera propiedad, sino que también nos enseñó la importancia de la paciencia, la perseverancia y la capacidad para negociar en el ámbito inmobiliario.

Los detalles económicos de la operación fueron los siguientes:

- Inmueble adquirido en Febrero de 2017. El costo total de adquisición incluyendo impuestos, gastos notariales, registro, honorarios de la inmobiliaria y la apertura del préstamo ascendió a 92.000 euros. El contrato de préstamo se elaboró de forma que no hubiera penalización al cancelar la hipoteca en el momento que nosotros quisiéramos. También podíamos realizar pagos anticipados para ir reduciendo el capital pendiente de pago.

- Después de pagar una entrada hipotecaria de 30.000 euros, quedaron pendientes de pago 62.000 euros.

- La cuota mensual fija de amortización de hipoteca quedó en 500 euros.

Descripción	Importes
Costo total de adquisición del inmueble	92.000 €
Monto de la entrada hipotecaria	30.000 €
Monto pendiente de pago de la hipoteca	62.000 €
*Cuota mensual fija de amortización de hipoteca**	500 €

Instaurados los datos de compra, la situación de nuestro bien raíz a día de hoy (2024), es la siguiente:

- Dos años después de la compra del inmueble, éste se puso en alquiler y dejó de considerarse como "nuestra vivienda habitual". Hasta entonces, habíamos aportado en hipoteca las siguientes cantidades: 500 euros * 11 meses (1º año) + 500 euros * 12 meses (2º año) = 11.500 euros. La deuda pendiente pasó a ser de 50.500 euros.

Descripción	Importes
Pago pendiente de hipoteca	62.000 euros
Amortización del primer año (500 euros * 11 meses)	5.500 euros
Amortización del segundo año (500 euros * 12 meses)	6.000 euros
Deuda pendiente después del primero año más 11 meses	50.500 euros

- Como bien se ha señalado en el punto anterior, a partir del 3º año, ya en 2019, el piso dejó de figurar como nuestra vivienda habitual y pasó a ser arrendado por la cuantía de 700 euros. A cierre de 2019, las cuantías mensuales de amortización reducían la deuda con el banco en (500 euros * 12 meses) 6.000

euros. En alquiler, se obtuvieron 8.400 euros (700*12).

A final de 2019, la deuda pendiente era de 36.100 euros (50.500 – 6.000 – 8.400).

Descripción	Importes
Deuda pendiente al inicio del tercer año	50.500 €
Amortización durante el tercer año (500 euros * 12 meses)	6.000 €
Cancelaciones mediante Ingresos por alquiler durante el tercer año (700 euros * 12 meses)	8.400 €
Deuda pendiente a cierre de 2019	36.100 €

- Partiendo de una deuda de 36.100 euros, y con la misma dinámica en 2020, la cantidad pendiente de amortizar al finalizar el año era de 21.700 euros. En 2021, de 7.300 euros. Y en 2022, en pleno verano, la hipoteca fue finalizada.

Año	Deuda Pendiente al Inicio del Año	Amortización durante el Año	Deuda Pendiente al Final del Año
2020	36.100 euros	14.400 euros	21.700 euros
2021	21.700 euros	14.400 euros	7.300 euros
2022 (hasta mitad de año)	7.300 euros	7.300 euros	0 euros

- Desde Julio de 2022, la cuantía obtenida por alquiler dejó de tener la función de saldar cuotas de amortización, es a partir de esa fecha cuando el inmueble genera ingresos pasivos en nuestra cuenta para así disponer de ellos o destinarlos al ahorro, a invertirlo en fondos, en acciones, o incluso en operaciones sin riesgo como son los plazos fijos. Desde entonces empezamos a acumular un ingreso pasivo de 4.200 euros en 2022 (700 euros * 6 meses); de 8.400 euros en 2023 (700 euros * 12 meses); y de 1.400 euros hasta la fecha en 2024 (700 euros * 2 meses).

De esta forma, la proyección de ingresos pasivos para los próximos años desde que la deuda fue cancelada quedaría de la siguiente forma:

Año	Ingresos Pasivos por Alquiler
2022 (julio-diciembre)	4.200 euros – 300 (seguro) – 250 (IBI)
2023	8.400 euros – 300 (seguro) – 250 (IBI)
2024	8.400 euros – 300 (seguro) – 250 (IBI)
2025	8.400 euros – 300 (seguro) – 250 (IBI)
2026	8.400 euros – 300 (seguro) – 250 (IBI)
2027	8.400 euros – 300 (seguro) – 250 (IBI)
2028	8.400 euros – 300 (seguro) – 250 (IBI)
2029	8.400 euros – 300 (seguro) – 250 (IBI)
2030	8.400 euros – 300 (seguro) – 250 (IBI)
2031	8.400 euros – 300 (seguro) – 250 (IBI)
2032	8.400 euros – 300 (seguro) – 250 (IBI)
Total	**88.200 euros – 3.300 euros – 2.750 euros = 82.150 €**

- NOTA: El precio del **IBI*** y seguro, hasta la fecha de hoy se están manteniendo prácticamente constantes. En caso de variación no se espera que los importes sean aumentados muy al alza. También juega a nuestro favor que el alquiler se debería revisar cada año según el incremento del **IPC*** algo que, de momento, no estamos aplicando.

Otros datos de interés incluyen:
- La ubicación del inmueble es una zona muy obrera de la ciudad, aunque no es peligrosa. Como dato, mencionar la existencia de una comisaría de policía a pie de calle.

- La visión de que la línea de metro se activara ha sido una realidad, lo que ha revalorizado el inmueble, se ha mejorado la accesibilidad y también el valor de la zona.

- El barrio está atrayendo a una población joven debido al alto precio de la vivienda nueva.

- Hace 6 meses se recibió una oferta de venta del inmueble por casi el doble de su coste original, pero fue rechazada debido a la preferencia en acumular ingresos mensuales que superarán esa cantidad en el largo plazo.

- Es importante mencionar que, a los ingresos pasivos que se están generado año tras año, hay que descontar gastos fijos como el pago del seguro de la vivienda o el Impuesto de Bienes Inmuebles (no más de 550 euros al año). Por otro lado, de la totalidad de ingresos que se obtienen de rentas derivadas de arrendamientos, bien es sabido que en la declaración anual de **IRPF (Renta)*** el 20 % es para las arcas del Estado en el que vivimos, a excepción del arriendo de inmuebles destinados a vivienda habitual, donde existe una reducción estatal del 60 %, como compensación de ofrecer vivienda habitual a un ciudadano; nuestro caso.

CONCLUSIÓN:

Este capítulo enseña la importancia del ahorro, la paciencia y la capacidad para negociar en el proceso de adquisición de una vivienda. A pesar de no pertenecer a la clase alta, mi matrimonio genera ingresos gracias a nuestras profesiones y al enfoque de vivir dentro de nuestras posibilidades. Ello permite evitar generar "***deuda mala****" al adquirir una propiedad.

También se refleja cómo una cuidadosa observación del mercado inmobiliario, combinada con una estrategia de negociación efectiva, puede llevar a la obtención de una propiedad a un precio más bajo del inicialmente ofertado. Además, se valora cómo una inversión considerada como inteligente generara de forma temprana ingresos pasivos que ayudarán a contribuir significativamente a obtener esa llave que proporcione lo que yo considero como libertad financiera.

El caso también evalúa cuidadosamente las oportunidades de inversión además de conocer en cada momento que es lo que pretendemos, resaltando con ello que la visión personal a la hora de invertir se resume "en la oferta de compra rechazada posteriormente", dando prioridad a que lo esencial es pensar en el largo plazo.

GLOSARIO:

- *Cuota mensual de amortización de hipoteca*:* Es el dinero que se paga cada mes, sin contar los intereses, para devolver el préstamo (capital) hipotecario utilizado para comprar una propiedad.

- *IBI (Impuesto sobre Bienes Inmuebles)*:* Es un impuesto local y anual reclamado por los ayuntamientos de España. Se aplica a la propiedad de bienes inmuebles como casas, apartamentos, locales comerciales y terrenos.

- *IPC (Índice de Precios al Consumidor)*:* Es una forma de medir la inflación o la variación en el costo de vida, por lo que es una herramienta importante para entender cómo cambian los precios de los bienes y servicios que consumimos a lo largo del tiempo.

- *El IRPF (Impuesto sobre la Renta de las Personas Físicas)*:* También conocido como declaración de la renta, es un impuesto que grava los ingresos y ganancias obtenidos por las personas físicas en el período fiscal comprendido entre el 1 de Enero hasta el 31 de Diciembre del ejercicio correspondiente. En dicha declaración, las personas detallan sus ingresos, deducciones y otras circunstancias relevantes para determinar cuánto deben pagar o si tienen derecho a un reembolso.

- ***Deuda mala*:*** *Se refiere a préstamos o deudas que son considerados riesgosos para particulares o empresas debido a que no se obtienen para generar ninguna rentabilidad instantánea perjudicando a la economía domestica o empresarial.*

Capítulo 5

El Despertar de mi Mente

El objetivo de este capítulo es compartir la motivadora trayectoria de mi amigo Paulo, un empresario referente en la ciudad que ha logrado generar riqueza desde una base mínima y que ha sabido diversificar sus negocios con éxito, disponiendo actualmente de una compañía de seguros contrastada y una empresa de financiaciones. Destacar que también ha sabido explotar sus conocimientos en el sector de la automoción aprovechando oportunidades de compra – venta de vehículos para obtener jugosos beneficios. Gracias a esta combinación, una de mis personas ejemplares en el ámbito económico, ha logrado generar los suficientes ingresos como para conseguir invertir en bienes raíces, bien aportando su capital o bien, sacando provecho de la confianza que los bancos tienen y han tenido en él.

De esta forma, el protagonista no sólo es una eminencia, empresarialmente hablando, sino también es una fuente constante de motivación para quienes lo conocemos. Personalmente, con el paso de los años, valoro muchas de sus operaciones como obras maestras, y aquí voy a dejar muestra con una de ellas, la que despertó mi mente:

Cuando yo tenía 22 años, apenas un año menor que Paulo y aún centrado en mis estudios universitarios, mi cabeza estaba enfocada en la finalización de mi carrera sin ninguna prisa, en disfrutar del fútbol, en jugar a videojuegos y en pasar momentos de ocio con mis amigos. En contraste, Paulo ya había comenzado a forjar su camino hacia la realización de un sueño grandioso: generar riqueza con esfuerzo, poseer un extenso terreno con una imponente casa con establo para caballos, cocheras para sus automóviles y una zona de esparcimiento con piscina, todo destinado a compartir momentos divertidos con su familia y amigos. Por aquel entonces, este joven no disponía de nada de lo mencionado, sin embargo, el sueño, hoy es una realidad tangible para él.

Tuvo en sus inicios un capital inicial escaso, pero con esfuerzo y con una mente despierta y emprendedora eso cambió.

En su primera operación de renombre, Paulo visualizó una oportunidad en un terreno que, a primera vista, parecía más un desafío que una posibilidad. Este terreno de 11.000 metros cuadrados estaba lleno de piedras, irregularidades y maleza, y se encontraba a 2 kilómetros de la ciudad. Sin embargo, el joven vio más allá de las apariencias y se empeñó en convertir este desafiante terreno en la base de su sueño.

La clave del inicio de su travesía radicó en proponer al dueño del terreno un *contrato de compraventa con pago aplazado**, una estrategia audaz que le permitiría acceder a la propiedad sin tener que desembolsar la cantidad total de 60.000 euros marcada como precio del terreno. Con el contrato en marcha, Paulo contrató máquinas de excavaciones y movimiento de tierras, con lo que transformó la aparente montaña de piedras en suelo llano y atractivo. El coste de estos trabajos, rondó los 6.000 euros.

Descripción del área del terreno de 11.000 m2	Importes
Precio del terreno	60.000 euros
Trabajos de acondicionamiento del terreno	6.000 euros
Total	**66.000 euros**

Una vez finalizados los trabajos por parte de la empresa contratada, el terreno se convirtió en un lugar llamativo para otros. Paulo ya había considerado en su mente la posibilidad de dividir el terreno en dos partes, sin fijar un precio exacto de antemano, dejándose llevar por la situación. Sin embargo, creía que igualar el precio de lo que le habían costado los 11.000 metros sería muy factible. Cuando mostró el terreno a personas interesadas, les sorprendió descubrir cómo, a pesar de las difíciles condiciones iniciales, ahora estaba bien estructurado y preparado para la construcción.

De entre todos los interesados, uno se mostró más decidido que los demás. Esta persona desconocía cuánto dinero había invertido el joven para hacer el terreno atractivo. Cuando nuestro protagonista preguntó cuánto estaba dispuesto a pagar por la mitad del terreno, el comprador ofreció 80.000 euros. Paulo, según cuenta, mantuvo la compostura al escuchar el precio como si fuera algo normal, pero por dentro su cabeza estaba hecha un torbellino. Con la oferta, no solo recuperaba los 66.000 euros invertidos, sino que además obtenía un beneficio de 14.000 euros con la operación, a los que había que restar los impuestos correspondientes por la compra. El trato fue cerrado, Paulo pagó su deuda con el propietario inicial y posteriormente ejecutó la venta de la mitad de su terreno.

Descripción del área de terreno revendido	Importes
Precio inicial del terreno	66.000 euros
Ingreso por reventa de la mitad del terreno (5.500 m2)	80.000 euros
Beneficio obtenido sin incluir impuestos	**14.000 euros**

La historia de Paulo no concluyó en ese punto. Al haber creado una oportunidad, visualizó otra que podría ser clave para dar el primer paso hacia la realización de su sueño de empezar a construir su propia casa, por lo que decidió investigar a fondo.

Comenzó por consultar con los vecinos de la zona que ya habían construido sus viviendas para averiguar quién era el dueño de los 9.000 metros cuadrados de terreno adyacentes a su propiedad. Después de indagar, logró obtener el nombre del propietario y su ubicación.

Con esta información en mano, Paulo se armó de valor y decidió visitar directamente a su objetivo. Un lunes por la mañana, se dirigió al centro de trabajo del individuo, su propio comercio, y, con cortesía y seguridad, expresó su interés en adquirir el terreno colindante del que era dueño.

El hombre, seguía sorprendido por la visita de Paulo, pero no fue problema para que le explicara todos los detalles. Tras confirmar que el terreno era de su propiedad, el propietario era consciente de la naturaleza irregular del terreno y de su ubicación alejada de la ciudad. Sin embargo, al notar el gran interés, las buenas formas y la ambición que percibió en el joven, el señor decidió hacerle una oferta: por 41.000 euros, le vendería el terreno.

Paulo se hizo dueño del nuevo terreno siguiendo las misma pautas que hizo anteriormente, costando en este caso el servicio de maquinaria 5.000 euros, ascendiendo la cuantía a 46.000 euros.

Sin embargo, esta vez Paulo decidió dividir el terreno en cuatro partes. Sin necesidad de publicitar la venta, el boca a boca entre vecinos y conocidos hizo que en menos de un mes tuviera adjudicadas las cuatro parcelas. Una de ellas fue regalada a un familiar cercano, mientras que las otras tres se vendieron por un importe de 36.000 euros cada una. A día de hoy, aún no puedo creer todo lo que consiguió este chico en menos de medio año, de hecho, recientemente le pedí que me recordara los detalles y números de cómo logró todo, y sí, todo es real tal como se describe.

Concepto	Importes
Precio inicial del terreno de 9.000 m2	41.000 €
Gastos en maquinaria	5.000 €
Inversión total	46.000 €
Ingresos por venta (x3) (36.000 euros * 3)	108.000 €
Valor de la parcela para su familiar	0,00 €
Beneficio total sin impuestos	**62.000 €**

Teniendo en cuenta que…:

Operaciones realizadas por Paulo	Beneficio
Inversión primera	14.000 €
Inversión segunda	62.000 €
Total	**76.000 €**

NOTA: Bien es sabido que al adquirir los terrenos, Paulo tuvo que pagar el correspondiente ITP, al mismo tiempo que tuvo que declarar en su declaración de renta particular las ganancias patrimoniales obtenidas por las operaciones realizadas.

Paulo empezó a construir su hogar con el beneficio resultante, el cual a día de hoy se compone de todos los elementos mencionados al inicio del capítulo.

CONCLUSIÓN:

La astucia y determinación de Paulo hicieron que el terreno, que inicialmente parecía inaccesible, se convirtió en una realidad y, al mismo tiempo, en una operación maestra de generar riqueza.

Este capítulo de su vida es una muestra de cómo una mente despierta, combinada con la audacia para tomar decisiones estratégicas, puede convertir obstáculos en una gran oportunidad. La historia del protagonista es un plan que activa la mente de cualquiera y una clara acción que se concluye en que el camino hacia el éxito personal comienza con la visión de oportunidades donde otros ven limitaciones.

GLOSARIO:

- ***Contrato de compra-venta con pago aplazado*:** *Es un acuerdo entre un vendedor y un comprador en el que se establece la venta de un bien o servicio con la condición de que el comprador pague el precio a lo largo de un tiempo y mediante unas condiciones acordadas en lugar de hacerlo de una sola vez. En este tipo de contrato, el comprador adquiere la propiedad del bien o servicio desde el momento de la compra, pero el pago se realiza según el acuerdo realizado. Esta modalidad puede ser muy útil para el comprador si no puede pagar el precio total de inmediato, pero también implica un riesgo para el vendedor si no cubre unas garantías en el contrato. En resumen, un contrato de compra-venta con pago aplazado es un acuerdo en el que el comprador adquiere un bien o servicio y paga el precio a lo largo del tiempo según se haya acordado.*

Capítulo 6

Crear una oportunidad de una simple conversación

Como he mencionado anteriormente, mi vida profesional me ha llevado a interactuar diariamente con empresarios de diversos ámbitos. Sin embargo, mi labor va más allá de las empresas; también atiendo a personas físicas con diferentes actividades financieras, desde aquellos con ahorros hasta inversionistas con intereses fuera del mundo empresarial. Muchos de ellos acuden en busca de orientación, ya sea para resolver consultas puntuales o para asistirles en la preparación y presentación de sus declaraciones de impuestos sobre la renta.

En marzo de 2022, antes de la temporada de declaración de IRPF, uno de mis clientes de confianza, Juanin, compartió conmigo una noticia inesperada: una herencia que involucraba a varios miembros de su familia. Ya me alertaba que la renta del ejercicio siguiente iba a ser más compleja de lo habitual si conseguían ir vendiendo propiedades. La causa, por tanto, añadiría complejidad a su declaración de impuestos, ya que requeriría la venta de múltiples propiedades heredadas entre múltiples herederos, lo cual iba a dificultar los cálculos, ya que no a todos les correspondía la misma porción de reparto. Después de escuchar su situación, decidí consultar sobre los detalles de los bienes heredados. La respuesta reveló la falta de entusiasmo entre los herederos para afrontar la causa y dar una salida a las propiedades heredadas que fuera satisfactoria para todos.

Entre la lista de propiedades que describió el cliente, nada parecía captar mi interés: dos terrenos con construcciones pequeñas, dos solares, un chalet que necesitaba amplias reformas, un dúplex en el centro de la ciudad que también requería una fuerte inversión... Hasta que mencionó una finca completa que él mismo subestimaba: tres apartamentos pequeños de 55 metros cuadrados cada uno, un bajo y un sótano. Aunque para él parecía un espacio insignificante al desglosarlo individualmente, para mí representaba una gran oportunidad. Comenzaron entonces mis preguntas: ¿Cuál es el precio? ¿Está en el centro de la ciudad? ¿Los apartamentos están listos para habitar? ¿El bajo y el sótano están conectados? Después de saciar mi curiosidad, descubrí que el precio rondaba los 160.000 euros por los 4 inmuebles, que la propiedad estaba en el centro de la ciudad en una plaza secundaria pero reconocida del casco histórico, que necesitaban renovaciones y carecían de calefacción, y que el bajo y el sótano estaban unidos y completamente diáfanos, pero con idéntica dimensión que los apartamentos. Todo el edificio, era uniforme.

Le dije a Juanin: 'Estoy muy interesado en esa propiedad, pero necesito tiempo para calcular los costos de renovación de los apartamentos y de la adaptación del bajo y el sótano para vivienda. No menciones a nadie que está a la venta, por favor. Espérame, quizás puedas asegurar una venta de la herencia con esta breve conversación'.

Me puse manos a la obra de inmediato viendo una gran oportunidad. Aunque probablemente tendría que solicitar una hipoteca, estaba seguro de que sería una deuda beneficiosa (***deuda buena****), como explicaré más adelante.

Después de hablar con mi albañil de confianza en la actualidad (Pol), calculé que el precio total del inmueble, incluyendo impuestos, gastos de compra y renovaciones, ascendería a una cifra que podría acercarse a los 200.000 euros. Este importe me pareció abrumador al principio, pero encontré una manera de reducirlo a la mitad (con matices), aunque eso significara también reducir mi futura rentabilidad.

Fue en este punto cuando decidí involucrar a mi amigo Paulo, del cual hablé en el capítulo anterior. Como ya había experimentado antes, cuando un objetivo parece fuera de alcance o demasiado arriesgado, incorporar a alguien de confianza con recursos y experiencia puede reducir significativamente los costos. Había sucedido previamente con mi esposa Nica, y esta vez, consideré que Paulo podría ser un gran aliado.

Antes de tomar una decisión sobre la oferta del inmueble, compartí con mi amigo y socio de esta aventura todos los detalles de la situación. Al principio, lo tomó por sorpresa, pero acordamos que se tomaría unos días para evaluarlo. Para mi sorpresa, esa misma noche me llamó para decirme: 'Diego, después de analizar todo, creo que esto es una gran oportunidad. ¡Vamos a adquirir cuatro apartamentos en pleno centro!'. Ambos coincidimos en que los apartamentos tenían un alto potencial de alquiler, lo que los hacía atractivos para una variedad de inquilinos: parejas que inician su convivencia, funcionarios que trabajan en la ciudad pero que su origen es otra ciudad o pueblo, gente soltera y quizá algún estudiante.

Dos días más tarde, Paulo, con su experiencia en este tipo de operaciones y su buena reputación ante los bancos, aseguró que nos aceptarían un préstamo con un interés fijo del 2,5%, sin penalizaciones por cancelación anticipada.

Los números de la operación se desglosaban de la siguiente manera:

Concepto	Importes
Precio de adquisición	153.000 euros
Gastos de Gestión	441,65 euros
Registro	339,34 euros
Notario	641,42 euros
Impuesto de Transmisiones	12.240 euros
Reforma de los inmuebles	27.000 euros
Total	**193.662,41 euros**

- NOTA: El bajo costo de la reforma puede llamar la atención, pero nuestro albañil, Pol, quien era cliente tanto de Paulo como mío, nos debía cantidades en concepto de algunos servicios prestados. Pol presupuestó el importe de la obra de forma que se equilibrara el precio de sus servicios con los nuestros.

Una lección que trato de destapar a lo largo de estos relatos es que, en ocasiones, el dinero puede ser reemplazado por trabajo. En tiempos pasados, mis abuelos recurrían al trueque, intercambiando productos como cebollas, patatas o verduras por animales que pudieran alimentar a la familia. Para mí, esta filosofía del trueque sigue siendo relevante hoy en día, especialmente cuando el dinero en efectivo es escaso o se prefiere destinarlo a otras necesidades. En estos casos, el trueque puede ser beneficioso para ambas partes, tal como lo era en tiempos antiguos.

Una vez estudiada la fórmula, me comuniqué con Juanin para informarle que había encontrado la manera de comprar el inmueble y le confirmé que yo iba a ser protagonista. Aunque para él tenía poco valor, sabíamos que nos daría una gran rentabilidad.

Así, mi amigo Paulo y yo nos convertiríamos en propietarios, teniendo cada uno el 50% de la propiedad, de la siguiente manera:

Concepto	Importes
Entrada para la adquisición (38.732,48 euros / 2)	19.366,24 euros
Préstamo de la entidad bancaria	154.929,93 euros
Cuota mensual de amortización a pagar al banco	800 euros

Como mencioné anteriormente, la deuda generada por esta adquisición la considero como una 'deuda buena', ya que se espera que los ingresos generados por el *activo** superen los costos de la deuda en el tiempo. En nuestro caso, incluso la cuota mensual del préstamo sería superada por los ingresos de los alquileres de los apartamentos. Actualmente, nuestros números son los siguientes:

Concepto	Importes
Cuota mensual del préstamo	800 euros
Ingresos mensuales por alquiler - Apartamento 1	450 euros
Ingresos mensuales por alquiler - Apartamento 2	450 euros
Ingresos mensuales por alquiler - Apartamento 3	450 euros
Ingresos mensuales por alquiler - Dúplex en el bajo + sótano	550 euros
Ingreso mensual generado partiendo de la deuda buen	**1.100 euros**

- NOTA: Después de descontar la cuota mensual del préstamo, nos quedarían 1.100 euros/mes a nuestro favor. Como siempre recalco, los ingresos generados por este tipo de operaciones no son importes netos "al bolsillo", ya que a ellos hay que descontar el seguro anual de cada apartamento (entorno a 120 euros anuales de cada uno), el IBI de todo el inmueble (unos 600 euros anuales-misma referencia catastral) y la declaración de los ingresos en nuestro IRPF anual (normalmente el porcentaje a pagar suele ser del 20% de las ganancias "limpias" obtenidas por arrendamientos, pero al tratarse de inmuebles para proporcionar vivienda habitual hay una reducción del 60% del ingreso obtenido).

Destapadas las cifras, Paulo y yo tenemos la intención de acumular el remanente mensual en una cuenta corriente conjunta, con el propósito de amortizar la deuda lo más rápido posible y liberarnos del préstamo. Una vez finalizado, planeamos incorporar las ganancias totales del inmueble a nuestros ahorros. Con esta dinámica, cada mes se generarán 1.900 euros para repartirnos entre los dos.

CONCLUSIÓN:

La compra de este inmueble subraya:

- El enfoque de reconocer y capitalizar las oportunidades que se presentan, incluso cuando parecen insignificantes a primera vista.

- A través de la colaboración, una planificación financiera y la disposición para asumir riesgos calculados, Paulo y yo estamos transformando esta inversión en un activo rentable que seguramente contribuirá a mejorar nuestro futuro financiero.

- Esta experiencia evidencia la importancia de buscar oportunidades, recordándonos que, con la mentalidad adecuada, de una simple conversación de trabajo, puede surgir un desafío y convertirse en una opción para el crecimiento en cuanto a rentabilidad se refiere.

GLOSARIO:

- ***Deuda buena*:*** *Se refiere a deudas (como préstamos) que se consideran beneficiosos en lugar de ser un riesgo. Este tipo de deuda suele utilizarse para financiar inversiones que pueden generar un retorno positivo inmediato o futuro, como en este caso de compra de un inmueble (hipoteca), lo cual proporciona patrimonio y rentas mensuales (mediante alquiler) que se sitúan por encima de la cuota mensual de préstamo.*

- ***Activo*:*** *Es cualquier recurso, intangible o tangible, que posee valor económico y además puede generar beneficios futuros para una persona o una empresa.*

Capítulo 7

Aplicando el Conocimiento en favor de un Amigo

En el año 2015 mi amigo Míster, a quien mencioné en un capítulo anterior, residía en un inmueble alquilado situado en uno de los barrios primerizos de la ciudad. En esta zona predominan las casas de estilo antiguo, similares a las de un pueblo pequeño, con varias plantas y un entorno que trasmite tranquilidad y serenidad. El inmueble estaba y está muy renovado y bien decorado. Por aquel entonces pagaba una renta mensual de 550 euros.

Míster, como le llamo cariñosamente, es originario de uno de los países de habla Inglesa de nuestro continente y llegó a España en 2008 como parte de un programa universitario para completar sus estudios. Aunque inicialmente planeaba regresar a su país, se enamoró de la ciudad y decidió quedarse. Después de terminar su carrera, se esforzó en perfeccionar nuestro idioma y se formó para enseñar el suyo, por lo que pronto comenzó a trabajar como profesor de inglés. Su pasión por la enseñanza lo llevó a establecer lo que hoy es una de las academias bilingüe con más renombre de la ciudad.

Míster vivió en tres pisos compartidos antes de mudarse al inmueble mencionado, el cual era propiedad de dos hermanos vecinos del barrio. Después de un año residiendo allí me confesó su deseo de comprarlo. Sin embargo, se enfrentaba a un obstáculo: no tenía historial crediticio en España ni había ahorrado lo suficiente para la entrada de una hipoteca. Conociendo su ética de trabajo, compromiso y ambición, decidí intervenir para lograr su propósito ya que había solicitado mi ayuda. Tenía claro que Míster iba a responder en un futuro no muy lejano.

Le pedí a mi amigo que me pusiera en contacto con los propietarios para discutir la posibilidad de una venta. Pronto supe que estaban abiertos a venderlo. Los invité a reunirse conmigo en mi oficina y les expliqué la situación de Míster: "el chico quiere comprar la propiedad pero necesita tiempo". De esta forma elaboré un plan en el que todos saldrían beneficiados: los propietarios venderían el inmueble y Míster obtendría la propiedad del mismo.

Los hermanos valoraron el inmueble en 150.000 euros, por tanto el precio final sería de 162.000 euros con Impuestos incluidos.

El plan propuesto para la compra-venta fue el siguiente:

- Se establecería un *contrato de arrendamiento con opción a compra**. La cuota mensual equivaldría al alquiler actual de 550 euros.

- Este contrato tendría una duración de 5 años, durante los cuales cada cuota de alquiler pagada por Míster se descontaría del precio de venta acordado.

- La cifra anual a descontar del precio total sería de 6.600 euros, lo que resultaría un total de 33.000 euros descontados a la finalización del contrato.

- Además, Míster daría una entrada de 7.000 euros al firmar el documento, también descontable del precio de venta. Esta entrada no sería reembolsable en caso de que la compra no se llevara a cabo, como medida de generar confianza y credibilidad de cara a los propietarios.

Concepto	Importes
Coste del inmueble	162.000 euros
Cuota mensual de alquiler	550 euros
Duración del contrato	5 años
Descuento anual	6.600 euros
Descuento total durante el contrato	33.000 euros
Entrada al firmar el contrato	7.000 euros
Pendiente (162.000 - 40.000)	**122.000 euros**

Después de una cuidadosa planificación que fue aceptada por los propietarios, en 2020, el propósito de Míster se hizo realidad. Durante los 5 años del contrato, mi amigo fue descontando importes de la cifra establecida como precio de venta. Además, gracias a su trabajo y organización, pudo ahorrar. El banco no le puso ningún impedimento y el chico pudo realizar la entrada de la hipoteca fijada en 24.400 euros. Así, le quedó una hipoteca muy asumible (97.600 euros) en consonancia con los ingresos generados por su trabajo.

Concepto	Importes
Coste del inmueble	162.000 euros
Entrada inicial	-7.000 euros
Descuento total por cuotas de alquiler	-33.000 euros
Pendiente	**122.000 euros**
Entrada para formalizar Hipoteca	24.400 euros
Hipoteca asumida por Míster	**97.600 euros**

CONCLUSIÓN:

Hemos observado cómo ser creativo y proponer un plan pueden superar obstáculos financieros. A través de un contrato de arrendamiento con opción a compra, Míster pudo adquirir su casa sin la necesidad de un respaldo financiero inicial.

La planificación detallada y la disposición de todas las partes involucradas llevaron a que la operación se realizara. Este movimiento destaca la importancia de buscar soluciones innovadoras y trabajar en equipo para ayudar a un amigo a alcanzar metas personales.

Hoy, gracias a su crecimiento empresarial, Míster tiene una cuota de hipoteca muy inferior a lo que el activo de su balance personal refleja, y gracias a esta operación y a su trabajo como empresario, ya ha conseguido el suficiente aval para realizar su primera gran inversión independiente a la de su vivienda.

GLOSARIO:

- *Contrato de arrendamiento con opción a compra*:* Es un acuerdo entre un propietario y un inquilino, que permite al inquilino alquilar una propiedad durante un período especificado en contrato, con la opción de comprar el inmueble al finalizar el mismo. Resumiendo, el inquilino tiene la oportunidad de vivir en la propiedad un tiempo determinado y, si decide comprarla al final del contrato, parte del dinero del alquiler pagado sería restado al precio de compra establecido.

Capítulo 8

Eduardo y Teresa: Una oportunidad en espera

Después de atravesar un periodo extraño e insólito durante la pandemia de 2020, fue el primer momento en el que inicié de verdad una de esas profundas reflexiones sobre mi vida y futuro, tanto en términos económicos, como laborales. La incertidumbre que experimentamos durante esos tiempos me llevó a cuestionar, más que nunca, cuándo podríamos enfrentarnos nuevamente a una situación similar o a algo que nos paralice y desestabilice otra vez de la misma manera. Como mencioné en el primer capítulo, mis reflexiones se basan mayoritariamente en la importancia de tomar las riendas de mi propio destino y no depender exclusivamente de terceros o de factores externos. Dejar mi futuro en manos de terceros o incluso de nuestros líderes políticos me parece un ejercicio de riesgo. Es fundamental tomar medidas positivas para asegurar la estabilidad financiera y el bienestar en un mundo tan impredecible como en el que vivimos actualmente.

Además, la situación geopolítica, con conflictos como la guerra entre Ucrania y Rusia, ha contribuido a mi sensación de incertidumbre. Parece que esto se está convirtiendo en un continuo cúmulo de despropósitos a nivel mundial. En Europa, la carga de deuda pública es generalizada y, lamentablemente, parece que nuestro país está a la cabeza en este aspecto. Todos estos factores, tanto los acumulados como los nuevos, han contribuido a que, personalmente, vea el futuro poblacional con cierto pesimismo.

Durante mis reflexiones y meditaciones, hace tiempo que me esfuerzo por visualizarme en situaciones poco positivas. En esos momentos, ya no solo pienso en mi esposa y en mí, sino que también considero el bienestar de mis hijos. Si bien nuestro matrimonio, con el esfuerzo que hemos dedicado, podría decirse que tiene una pequeña base instaurada, siento que aún hay mucho por hacer para asegurar otra base mínima para nuestros pequeños. Mis padres se esforzaron mucho por mi hermana y por mí, y ese esfuerzo, afirmo por mi parte que ha de ser generacional. Anoto que la situación a la que se enfrentarán los niños de hoy en su edad adulta podría ser aún más desfavorable, especialmente debido a la carga de deuda que es probable que tengan que afrontar.

Puede sonar raro, pero esta práctica de anticipar y prepararme para situaciones de recesión, brinda una sensación de seguridad, y esta seguridad se fortalece explorando diferentes escenarios que ayudan a mantenerme enfocado.

A día de hoy, llevo tres años manteniendo el mismo hábito casi todos los sábados a las 9:00 de la mañana: disfrutar de una tostada de jamón con tomate en un bar que está justo al pie de mi casa antes de dirigirme al gimnasio para hacer deporte. Durante estos tres años he coincidido regularmente con Eduardo, un hombre entrado en los 50, campechano y de humor afín al mío. Eduardo, soltero y ahorrador, es fontanero de profesión, aunque también posee habilidades en jardinería. Puedo asegurar que no le falta trabajo en absoluto; la demanda de sus servicios siempre parece ser constante.

En la actualidad, la escasez de personas dedicadas a los oficios es evidente, lo que coloca a quienes tienen estas habilidades en una posición privilegiada. Es indudable que aquellos que se desenvuelven en un oficio con soltura, hoy en día tienen una habilidad que les abre puertas y les garantiza un flujo constante de ingresos.

Como es evidente, Eduardo también está al tanto de mi profesión, y es habitual que consulte o plantee dudas sobre aspectos fiscales, tributarios y de gestión del ahorro. Hace un par de años, Eduardo compartió conmigo una mala experiencia que había tenido con un piso que poseía en el barrio. Los inquilinos, al abandonar el piso, lo dejaron en mal estado y con una deuda de tres mensualidades, lo que ascendía a una cantidad de 1.950 euros (650 euros por cada mes no pagado).

Después de reparar el inmueble y dejarlo en condiciones óptimas, Eduardo se mostraba reacio a volver a alquilarlo debido al temor de volver a vivir una experiencia similar. Sin embargo, le aseguré que había formas de garantizar un alquiler seguro y le expliqué algunas estrategias al respecto. A pesar de mi ofrecimiento para ayudarlo a gestionar el alquiler, Eduardo no quería quebraderos de cabeza actuando nuevamente como ***arrendador****, argumentando que ya tenía suficiente en su plato.

Tras mi insistencia, de manera amistosa pero decidida, Eduardo me propuso una solución: si yo me encargaba de gestionar el alquiler y aseguraba el 100 % de fiabilidad, él estaría dispuesto a pagarme 100 euros del alquiler mensual como compensación por mis servicios. Aunque inicialmente me sentí reticente a aceptar el pago por esta labor, Eduardo insistió en que lo considerara como un favor y no como un negocio.

Finalmente, accedí a su solicitud y asumí la gestión del piso. Gracias a la confianza de Eduardo, ahora tengo un ingreso adicional de 100 euros al mes, y él puede disfrutar de un alquiler sin preocupaciones ni complicaciones. Los inquilinos actuales son excelentes y el piso se mantiene en perfecto estado.

El trabajo más denso se produjo al inicio, tratando de localizar a los ***arrendatarios**** idóneos, programar un arriendo seguro, y elaborar un meticuloso ***contrato de arrendamiento****. Pasado el trámite inicial, mi labor se basa en atender alguna llamada con algún imprevisto y en un par de visitas anuales para trasmitir confianza y cordialidad, lo cual me permite esporádicamente percibir cómo está la situación física del inmueble. Nada más especial que lo que hago yo con mis propiedades.

Eduardo está satisfecho con los resultados, y yo estoy agradecido. Su satisfacción ha sido tan grande que ha motivado a su hermana Teresa a seguir su ejemplo. Teresa, casada en este caso, posee con su marido una propiedad que solía alquilar. Sin embargo, al igual que Eduardo, Teresa consideraba que el dinero del alquiler no es una necesidad y prefería evitar la molestia de gestionar la propiedad, especialmente después de la mala experiencia que vivió su hermano.

Impulsado por el agradecimiento de su propia experiencia, soy consciente de que Eduardo insistió a Teresa para que me contactara y considerara una solución similar. A día de hoy, la situación es la misma: Teresa recibe su renta mensual sin tener que lidiar con los trámites y preocupaciones que conlleva el alquiler, y yo obtengo otro ingreso adicional de 100 euros al mes por gestionar su propiedad de la misma forma que lo hago con Eduardo, y con mis inmuebles.

Así de fácil es visualizar en números lo detallado:

Concepto	Importes
Inversión realizada por mí	Trabajo y conocimiento
Ingresos procedentes de Eduardo	100 euros
Ingresos procedentes de Teresa	100 euros
Total de retribución obtenida por mí al mes	**200 euros**

Volviendo al principio del capítulo, donde mencionaba la importancia de estar preparado y de reflexionar ante la posibilidad de enfrentar momentos difíciles, después de tratar con Eduardo y Teresa, se evidencia que esta situación podría ser una oportunidad para obtener una retribución por realizar este tipo de gestiones. El hecho de haber ayudado a gestionar exitosamente las propiedades de Eduardo y Teresa no solo me ha brindado una satisfacción personal, sino que también ha resultado un beneficio económico adicional.

Quizá esta forma de trabajo podría ser una opción complementaria a considerar si un día fuese necesario generar una fuente adicional de ingresos, ofreciendo este tipo de servicios a otras personas que pudieran estar en una situación similar a la de Eduardo y Teresa.

Ultimando el capítulo, hay que motivar a que cualquier persona con un mínimo de interés en aprender ciertos parámetros para alquilar inmuebles podría obtener una fuente de ingresos que variaría dependiendo de la ambición que cada uno pueda tener. De esta forma el plan que yo sigo a la hora de buscar el inquilino adecuado para mis inmuebles, es el mismo que seguí con Eduardo y Teresa, siendo lo más destacable lo siguiente:

1. Uniendo la escasez de vivienda que hay hoy en día con el buen uso de un portal inmobiliario para publicar el alquiler de un inmueble, se hace posible hacer una selección del tipo de inquilino que queremos escoger. Puedo afirmar que si hay paciencia, las llamadas para solicitar el alquiler de un inmueble, son muy numerosas.

2. Es muy importante establecer criterios claros y específicos para la selección del inquilino. Verificar su historial crediticio, sus referencias laborales y personales, y por supuesto, su capacidad de pago. Estos criterios ayudan a minimizar los riesgos y garantizar una relación buena entre el propietario y el inquilino.

3. Solicitar a la parte arrendataria su contrato de trabajo. Es importante comprobar la estabilidad laboral del inquilino, ya que puede ser un indicador de solvencia y capacidad de pago a largo plazo. Además, es relevante mencionar que

algunas compañías aseguradoras, previo estudio, pueden ofrecer una ampliación de la póliza, pagando una pequeña cantidad adicional, que cubriría los impagos en caso de que el contrato de alquiler se haya firmado con un inquilino que tenga un contrato de trabajo indefinido. Esta medida brinda una capa adicional de seguridad para el propietario, minimizando los riesgos asociados con posibles incumplimientos por parte del inquilino.

4. No establecer un precio excesivo por el alquiler, evitando ahogar al arrendatario. Renunciar a cierta cantidad de dinero al mes puede resultar más beneficioso a largo plazo, minimizando el riesgo por impago. Además la cartera de interesados será aún más amplia, tendremos más dónde elegir y la posición será más cómoda para el inquilino a la hora de pagar la renta pactada.

    Esta decisión aumentará la probabilidad de que la compañía aseguradora incluya esa cobertura por impagos.

5. Importante es considerar qué tipo de arrendamiento pretendemos, partiendo de que buscaremos un alquiler seguro. Si damos la llave de nuestra propiedad a estudiantes, sabemos que es muy probable que cobremos las mensualidades, ya que el importe total del alquiler no sale de una familia, saldrá de varios bolsillos. El perjuicio obtenido es que, si no se

enfoca el inmueble como <u>Vivienda Habitual</u> mediante un contrato de arrendamiento bien estructurado, a la hora de declarar los ingresos en la declaración de la renta, perderemos la reducción del 60 % que ofrece el Estado.

6. Imprescindible será, sea cuales sean las características del inquilino elegido, poner los contadores de gastos tales como la luz, gas y agua a nombre del arrendatario con su correspondiente número de cuenta.

CONCLUSIÓN:

El capítulo describe cómo el conocimiento adecuado de los procesos de alquiler puede convertirse en una fuente de seguridad financiera y oportunidades de crecimiento.

Eduardo y Teresa tomaron decisiones fundamentales basadas en sus necesidades y circunstancias individuales, es decir, se apoyaron en la orientación y el conocimiento de alguien supuestamente formado en la materia, lo que les permitió optimizar sus recursos y minimizar los riesgos. La confianza mutua y la colaboración, nuevamente aparecen como elementos clave de un proceso laboral, personal y financiero.

En última instancia, destaco la importancia de estar abierto a nuevas oportunidades y tratar de adaptarse a los cambios del entorno, aspecto que ya he recalcado anteriormente. La gestión correcta de los activos inmobiliarios puede brindar beneficios tanto económicos como personales, y con la combinación adecuada de conocimientos, estrategia y relaciones, es posible lograr una fuente de ingresos suficiente que ayude a buscar una tranquilidad ayudando a generar ahorro con vistas al largo plazo.

GLOSARIO:

- *Arrendador*:* Es la persona propietaria de un inmueble, el cual decide alquilarlo a un tercero (conocido como arrendatario o inquilino) a cambio de un pago periódico que normalmente suele ser de un mes, acordado todo ello en un contrato de arrendamiento.

- *Arrendatario*:* También conocido como inquilino, es la persona que vive de alquiler en un inmueble de otra persona (arrendador). En resumen, el arrendatario es quien utiliza y disfruta del bien inmueble a cambio de pagar el alquiler periódico al arrendador en las condiciones que se hayan establecido en el contrato de arrendamiento

- *Contrato de arrendamiento*:* Es un acuerdo legal realizado en un documento firmado entre un arrendador (propietario) y un arrendatario (inquilino) donde previamente se han establecido mediante clausulas los términos y condiciones para alquilar la propiedad (precio, duración, gastos a asumir, ...)

Capítulo 9

Monetizar: Dominar el arte de convertir pasión en ganancias

Definitivamente, el término *"monetizar*"* se ha vuelto muy relevante en la actualidad, especialmente en el ámbito digital. Desde mi perspectiva, monetizar es un arte que implica *convertir algo en dinero*. En esencia, se trata *de transformar una actividad o recurso en una fuente de ingresos*. Esto es precisamente lo que mi esposa, Nica, está llevando a cabo.

Cuando yo era más joven disfrutaba mucho utilizando las redes sociales como una forma de compartir mis mejores experiencias, ya fueran vacaciones, actividades de ocio con amigos o simplemente momentos cotidianos. En la actualidad tengo una opinión diferente sobre el uso de las redes sociales con este propósito.

Personalmente, no soy partidario de utilizar las redes sociales de esta manera. No quiero que se malinterprete: reconozco el valor y la importancia de las redes sociales, y creo que cada individuo tiene derecho a usarlas como prefiera. Sin embargo, desde mi punto de vista, considero que utilizarlas para compartir detalles triviales de una vida solo refleja un deseo de buscar validación externa y de aparentar importancia ante los demás.

En cambio, percibo este medio como algo imprescindible para emprendedores, empresarios y cualquier persona que desee promocionar algo con el objetivo de generar un beneficio futuro. En este contexto pueden ser una forma inteligente de llamar la atención de un público objetivo y crear una buena estrategia de publicidad.

Resumiendo, reconociendo el valor de las redes sociales, veo mejor utilizarlas de manera estratégica y usarlas para lograr objetivos concretos, en lugar de simplemente compartir detalles poco importantes de la vida de cada uno. Ésta es la herramienta que Nica está moldeando.

Como he mencionado en capítulos anteriores, Nica es enfermera en el ámbito público, pero esto no ha sido un impedimento para que continúe formándose. Su más reciente titulación complementa su formación como enfermera, se trata de un Máster en Estética Avanzada, una ampliación académica exclusivamente accesible para médicos, odontólogos y enfermeras.

Hasta hace poco tiempo, desde que obtuviera la titulación, se ha dedicado a generar ingresos activos prestando estos servicios. Sus áreas de especialización incluyen el uso del ácido hialurónico en diversas zonas faciales, la aplicación de vitaminas para fortalecer y regenerar el cabello, la eliminación de verrugas e impurezas, y tratamientos de estimulación corporal para reducir la grasa localizada en diferentes partes del cuerpo.

A pesar de estar muy satisfecha con el crecimiento de sus clientes, fruto de la satisfacción de los mismos, llevo tiempo instándola a considerar la posibilidad de ampliar su fuente de ingresos. Además de los activos que genera gracias a su empleo como enfermera y a sus tratamientos en el campo de la estética, le sugerí que estudiara la opción de obtener rentas pasivas vinculadas a su formación extra con un pequeño esfuerzo añadido. ¿De qué manera? Sacando provecho a unos trabajos iniciales realizados con una compañera de profesión y Máster, los cuales sólo han tenido que diseñar una vez. Ahora mismo esto es lo que genera ingresos sin ni siquiera estar ellas presentes.

Profundizaré en ello, ya que es un paso en el que ya han trabajado y siguen trabajando:

En primer lugar, ellas, para poder ofrecer sus servicios estéticos de manera legal y adecuada, además de obtener una titulación adicional, han tenido que enfrentarse a un proceso bastante complejo. Su objetivo ha sido garantizar que ninguna inspección laboral o sanitaria dude para detener sus labores o incluso puedan imponerles sanciones económicas. Por lo tanto, para lograrlo, ha sido obligado:

- Buscar cada una por separado su centro médico adecuado que contara con la licencia correspondiente para ejercer su actividad (viven en ciudades cercanas pero diferentes).

- Presentar varias memorias para cumplir con los requisitos sanitarios exigidos.

- Clasificar correctamente la actividad empresarial al inscribirse como trabajadoras del sector, escogiendo el epígrafe de IAE adecuado.

- Comprender cómo declarar sus ingresos y cuáles son sus obligaciones fiscales en lo que a impuestos se refiere.

Este proceso ha sido un desafío considerable, y muchos profesionales con la misma titulación que ellas pueden sentirse bloqueados por los obstáculos que implica iniciar esta actividad cuyo vacío legal es bastante importante. Sin embargo, su dedicación y determinación han sido claves para superar las dificultades y realizar su actividad conforme a las normativas existentes.

En segundo lugar, después de obtener la titulación y completar el período de prácticas, ambas se han enfrentado al desafío de perfeccionar sus habilidades. Para lograrlo, decidieron invertir en orientación y entrenamiento buscando otros profesionales experimentados. Estos expertos les enseñaron las técnicas más efectivas para potenciar su formación en el campo de la Estética Avanzada.

Con gran dedicación, han ido absorbiendo este conocimiento eficientemente, aplicando cada técnica de forma precisa para garantizar la satisfacción de sus clientes. Este trabajo de enfoque y la constante búsqueda de la mejora están siendo fundamentales para su formación.

A raíz de este guión es donde nace la generación de ingresos pasivos, iniciados a partir de una base. Los dos pasos han sido detallados por ambas en un trabajado guión y en vídeos explicativos que, por un lado, van a despejar las dudas (vinculadas a la ley) de los futuros emprendedores estéticos y, por otro, van a enseñar a los nuevos emprendedores menos experimentados cuáles son las técnicas más valiosas desde su punto de vista.

Una vez iniciadas y enfocadas, Nica y su compañera, utilizan una Red específica para promocionar sus servicios, mostrando el trabajo real en clientes que lo autorizan, despertando de esta forma el interés de alguno de los seguidores, los cuales pueden ser dirigidos a su vez al lugar (página web) donde ellas presentan los vídeos explicando las normativas legales para iniciarse en el sector, y las técnicas estéticas más valiosas para tratar a los demandantes del servicio. Así es como los seguidores interesados tienen la opción de pagar 20 euros al mes para acceder gradualmente a la formación ofrecida por las chicas, lo que les proporciona un ingreso continuo de forma pasiva, partiendo de ese trabajo inicial. Este proceso se repetirá periódicamente, ya que el dúo continuará realizando trabajos útiles para que los nuevos seguidores puedan acceder a su formación mediante la tarifa correspondiente.

Actualmente, llevan 7 meses realizando trabajos directos de estética, y 2 meses monetizando el trabajo con vídeos elaborados.

Ahora mismo, están en una etapa inicial de monetización del trabajo, por lo que los datos reales solo pueden reflejarse respecto al último mes. En este momento, cuentan con 23 clientes que pagan 20 euros cada uno. Decir que, este número puede fluctuar con el tiempo, ya que algunos clientes podrían haber completado sus objetivos y otros nuevos podrían unirse al servicio:

Concepto	Datos
Clientes	23
Precio por cliente al mes	20 euros
Ingresos totales del mes referido	**460 euros**

El objetivo, seguir creciendo.

CONCLUSIÓN:

La monetización del trabajo de las chicas representa una buena estrategia, ya que su nueva formación la emplean para generar ingresos de forma activa, pero también para obtener ingresos pasivos a partir de unos proyectos de ayuda para la gente.

Por ello, a través de su conocimiento y habilidades en Estética Avanzada, han logrado establecer esa fuente de ingresos creando contenido educativo y ofertando servicios a través de la Red. El enfoque les permite también compartir su experiencia y conocimiento con otros emprendedores del sector.

Para terminar, la monetización de un trabajo como el descrito, también resalta que cualquier persona con una habilidad determinada puede compartirla y obtener ingresos de igual manera. Todos poseemos alguna destreza o conocimiento que podemos emplear para ayudar a los demás, lo que convierte a esta herramienta en una opción accesible para cualquier individuo.

Nunca es tarde, ¡piensa en tus habilidades, aplícalas para enseñar y genera un beneficio!

GLOSARIO:

- *Monetizar*, en términos más amplios: Es el proceso de convertir un activo, un trabajo o una actividad en dinero de forma recurrente. Resumiendo, es encontrar formas de generar un beneficio a partir de algo de lo que disponemos o realizamos. Por ejemplo, puedes monetizar habilidades en un campo determinado ofreciendo una enseñanza y cobrar por ello. Esta es la forma de convertir ideas o habilidades en ingresos económicos.*

Capítulo 10

Tomando decisiones: Estrategias sin riesgo de gestión del ahorro para seguir obteniendo ingresos pasivos

Una vez que he entrado en la edad adulta y he logrado acumular un mínimo nivel de ahorros, me he dado cuenta de que, en esta época de mi vida, no puedo dedicar tanto tiempo y energía como desearía en buscar nuevas oportunidades de inversión en bienes raíces o en generar nuevos ingresos adicionales, ya sea de manera activa o pasiva. Aunque no estoy renunciando a ello, con un día limitado a 24 horas, una jornada laboral que ocupa buena parte de ellas, la importancia que le doy a pasar tiempo con mi esposa y mis hijos pequeños, además de dedicar un espacio de tiempo a practicar deporte, entiendo que el equilibrio se convierte en una prioridad.

Teniendo en cuenta esta realidad, estoy en una época donde trato de reconocer la importancia de gestionar mis ahorros de manera efectiva, sin riesgo y que impliquen menos tiempo en buscar estrategias de inversión para tratar de hacer crecer ligeramente el patrimonio sin comprometer la seguridad financiera. Por ello, en este capítulo, aportaré algunas opciones de gestión del ahorro que ofrecen cierta tranquilidad y estabilidad, incluso en tiempos de incertidumbre económica.

1. **Plazos Fijos:** A día de hoy, en los años 2023 y 2024, observamos un panorama financiero donde los tipos de interés (deudor) para préstamos bancarios se han elevado considerablemente en comparación con años anteriores. Sin embargo, como contrapartida, algunos de los bancos más comunes están ofreciendo interesantes tasas de interés a nuestro favor en productos sin riesgo, como los plazos fijos, que pueden llegar hasta un 3,75%.

   Es importante destacar que, ante esta situación, hoy en día muchos bancos establecen límites en la cantidad de dinero que los clientes pueden depositar en este tipo de productos. Por ejemplo, mis dos bancos de mayor confianza tienen establecido un máximo de 50.000 euros, depositando el dinero 1 año, o de 30.000 euros, depositándolo 6 meses. Por lo tanto, si alguien dispone de un ahorro superior a esta cantidad, lo más lógico es recurrir a dos o más entidades financieras para maximizar el crecimiento de su dinero sin asumir ningún tipo de riesgo.

   De esta forma, y clarificando lo que se ha querido exponer para alguien que no conoce este tipo de productos, señalar que un plazo fijo es un tipo de producto financiero ofrecido por los bancos donde un cliente deposita una cierta cantidad de dinero durante un período específico de tiempo a cambio de recibir un interés fijo sobre ese dinero. Así, el cliente acuerda mantener esos fondos en la cuenta durante el plazo acordado, ello puede ser desde unos pocos meses hasta varios años y, al vencimiento del plazo, el dinero puede retirarse junto con los intereses generados. Esta forma de inversión es segura y sin riesgo, ya que el rendimiento está garantizado, el capital inicial está protegido y, si en un momento dado se decide extraer el dinero sin cumplir con el plazo de años fijado, puede retirarse sin penalización alguna, penalizándose únicamente el interés generado.

2. **Inversión en acciones:** Otra alternativa a la que yo recurro es la de invertir en acciones de mercados de valores que presenten una mayor ***volatilidad**** que nuestro mercado nacional principal. No obstante, esta opción conlleva mayor riesgo, por lo que no se recomienda arriesgar sin tener un mínimo de conocimientos o estudios en el mercado de valores.

También es importante tener claro que el dinero destinado a esta forma de inversión no se va a necesitar ni a corto, ni a medio plazo, por lo que es crucial ser cauteloso y planificar estratégicamente. Por ejemplo, si un individuo dispone de 10.000 euros que no necesita en un momento dado, podría comenzar invirtiendo 1.500 euros para mantenerlos a muy largo plazo, sin tener la preocupación de que se ha destinado esa cantidad para que trabaje por sí misma a nivel de rentabilidad.

Además, se puede adoptar una estrategia de ahorro regular mediante la cual, si el individuo suele gastar 60 euros todos los viernes y sábados en salidas con amigos para tomar unas cervezas y unas tapas, podría reducir esos gastos renunciando a salir uno de los dos días, destinando esos 30 euros que no va a gastar, en incrementar el valor de su cartera. Con esta mecánica, estaría aportando 120 euros al mes, lo que equivale a 1.440 euros anuales adicionales a su inversión. Si el individuo comenzó con una base de 1.500 euros y suma 1.440 euros cada año, incrementaría a un total de 8.700 euros su cartera después de 5 años, siempre y cuando no retire ninguna ganancia ni realice ninguna inversión adicional durante ese período.

Véase en la tabla:

Datos	Importes
Gasto en ocio viernes y sábado (30+30)	60 euros
Eliminar uno de los dos días permite ahorro	30 euros
Añadir el ahorro semanal a invertir en cartera, permite acumular al mes …	120 euros
Acumulación en cartera a lo largo del año	1.440 euros
Acumulación en cartera a lo largo de 5 años	7.200 euros
Cartera inicial antes de aplicar la estrategia	1.500 euros
Valor de la cartera al final el 5º año	**8.700 euros + % rentabilidad obtenido**

Esta alternativa de inversión es aceptada por mi esposa, y cada semana, o cierto tiempo que evitamos un gasto en hacer cualquier cosa semejante a la explicada, ingresamos esa cantidad de dinero en nuestra *cartera de valores**, la cual se suma a la que ya depositamos en su día como base. Añadir que solo tenemos dos valores usando este tipo de alternativa, ya que los otros que disponemos tienen una característica especial que se detalla en el punto 3.

3. **Inversión en acciones que reparten dividendos:** Para mí, mucho más interesante que la anterior. Esta última forma de inversión que utilizo está totalmente ligada a la anterior y consiste en invertir en acciones de empresas que reparten dividendos.

La estrategia aplicada para este tipo de inversiones es esencialmente la misma, pero la diferencia radica en que el enfoque está en empresas que *reparten dividendos**. ¿Qué implica esto? Significa que al invertir en acciones de compañías como Coca-Cola, Johnson & Johnson, Microsoft o Apple, el que decide invertir en ellas puede contar con pagos regulares de dividendos. *Estos dividendos constituyen una parte de las ganancias de la empresa distribuida entre los accionistas.* Por lo general, se pagan de forma trimestral o anual, y los inversores los utilizan como una fuente de ingresos pasivos. Este plan sigue la misma mecánica que la inversión en acciones de crecimiento, pero con el beneficio adicional de recibir pagos regulares, lo que puede proporcionar un flujo de efectivo a lo largo del tiempo.

Es importante destacar que he mencionado estas empresas porque son las más conocidas por mi parte dentro de las que reparten dividendos. Sin embargo, lo crucial, no es solo la repartición de dividendos, sino también el hecho de que son empresas que presentan periódicamente balances muy estables, han demostrado su solidez a lo largo del tiempo y se mantienen en constante adaptación a los cambios del mercado. Esto significa que es muy probable que el valor de una acción de cualquiera de estas empresas, si hoy es X, dentro de 20 años sea considerablemente mayor que X.

En resumen, aunque hay factores macroeconómicos que pueden alterar cualquier pronóstico, si inviertes en estas acciones un dinero que no necesites en el corto plazo, no solo estarás recibiendo un buen rendimiento en forma de dividendos, sino que también es muy probable que el valor de las acciones aumente sustancialmente en el largo plazo.

CONCLUSIÓN:

- Las tres formas de inversión presentadas ofrecen opciones interesantes para todo aquel que busca hacer crecer su capital de manera segura y más o menos rentable.

- Los plazos fijos, a día de hoy, son una opción conservadora que garantiza un rendimiento escaso, pero estable, y también ideal para quienes priorizan la seguridad sobre el potencial de ganancias más altas (cualquier estudioso en la materia y con mentalidad de asumir riesgos inteligentes, la rentabilidad de estas operaciones puede resultarle insignificante, pero ha de quedar claro que no todos conocemos ciertos campos financieros, por lo que hay que adaptarse a lo que el mercado ofrece sin arriesgar nuestro patrimonio).

- La inversión en acciones ofrece la posibilidad de obtener mayores rendimientos a largo plazo, aunque con mayor riesgo. Por otro lado, no podemos olvidar la existencia de acciones asociadas a la obtención de dividendos.

- Resumiendo: la elección entre una, dos o incluso las tres opciones dependerá de los objetivos financieros individuales, el nivel de tolerancia al riesgo y el horizonte temporal de cada inversor.

GLOSARIO:

- *Volatilidad*: Es una medida de la rapidez y la magnitud con la que los precios de un activo, como son las acciones, cambian en un período de tiempo determinado. De esta forma, una volatilidad elevada implica que el precio de un activo puede cambiar de forma importante en poco tiempo; sin embargo, una volatilidad baja implica que el precio de un activo cambie de manera más estable y predecible. Por todo ello, que un inversor entienda el concepto es importante para asimilar el riesgo al que se enfrenta.*

- *Cartera de valores*: Es la serie de activos financieros (acciones, fondos de inversión,...) que posee un individuo. Por lo tanto, son las inversiones de carácter financiero que dispone una persona con el objetivo de maximizar rendimientos. Esta cartera se forma según el objetivo financiero, el horizonte temporal y el perfil de riesgo del inverso.*

- *Repartición de dividendos (ampliando el concepto)*: Es una mecánica a través de la cual una empresa distribuye parte del beneficio a sus accionistas mediante unos pagos regulares. Esta repartición es una forma de recompensar a los accionistas por su inversión y puede ser una fuente importante de ingresos para los inversores que busquen ingresos regulares. La cantidad de dividendos que una empresa reparte depende de sus resultados y de su política a la hora de distribuirlos.*

Capítulo 11

Convertirse en arrendatario: una opción

A lo largo de los capítulos del libro, he redactado varias historias reales que, al analizarlas, pueden proporcionar un guión de ayuda para aquellos que buscan la llave que les abra la puerta hacia su propia libertad financiera. El objetivo fundamental de estos relatos es subrayar la importancia de tomar decisiones adecuadas en el presente para asegurar un buen futuro.

Hay que respetar que cada individuo tiene su forma de organizarse y unas prioridades en la vida. Lo que para mí representa esa libertad, puede ser diferente de las aspiraciones de otra persona. Por ejemplo, mientras que yo pretendo acumular reservas y activos para el futuro porque entre otras cosas desconfío de la seguridad de las pensiones y de la pésima economía, que percibo, nos espera, otro individuo puede tener una visión más optimista y planificar sus finanzas de otra manera.

Por ello, la libertad financiera es un concepto personal que se adapta a las necesidades y deseos individuales de cada uno. No existe una única fórmula para alcanzarla, pero sí hay estrategias que pueden ayudar a alcanzar metas económicas y vivir la vida que se desea de la forma más correcta posible.

Durante mis años universitarios practiqué dos actividades que ocupaban gran parte de mi tiempo. Por un lado, cursaba mis estudios para obtener una licenciatura. Por otro lado, practicaba fútbol a cierto nivel competitivo. Dado que mi universidad se encontraba en una ciudad distinta a la de mi residencia habitual, los clubes en los que jugué también estaban ubicados en ese mismo municipio.

Mi primera experiencia futbolística durante mis años universitarios fue en un club de la categoría Nacional de juveniles. Posteriormente, una vez finalizada mi etapa juvenil, me uní a otro equipo que competía en la categoría Preferente de la Comunidad Autónoma, esta última, equivalente a una cuarta categoría Nacional. Tanto la universidad como el fútbol, me ofrecieron, con los correspondientes obstáculos que me encontré, oportunidades para seguir desarrollándome como persona.

Salir de casa a los 17 años puede ser complicado para muchos jóvenes, como lo fue para mí. Aunque no logré ningún triunfo futbolístico ni era el mejor estudiante universitario, puedo afirmar que con los años puedo valorar que las experiencias vividas durante esos años moldearon mi forma de socializarme, aspecto que hoy en día considero fundamental. El contacto con personas de diferentes personalidades me enseñó a comprender y empatizar con los demás, habilidades valiosas e imprescindibles para todo ser humano.

En uno de esos vestuarios, quiero resaltar la relación que establecí con Daniel, un compañero fantástico por aquel entonces y un gran amigo a día de hoy, por lo que a pesar de vivir en sitios diferentes, aún mantenemos contacto de vez en cuando. Daniel, es comercial de profesión, no tiene inquietudes sobre el mundo de las finanzas, lo cual es muy respetable, está casado y tiene dos hijos.

Daniel y yo compartimos muchas cosas en nuestras conversaciones telefónicas, incluyendo detalles de la vida y profesión. Durante una de esas llamadas, justo cuando la Pandemia parecía llegar a su fin, mi amigo me dio una gran noticia: estaban esperando su segundo hijo, su esposa estaba embarazada de cuatro meses. Sin embargo, también compartió conmigo su preocupación por todo lo que implicaba esta nueva etapa.

Vivían en un pequeño piso de dos habitaciones en un barrio de clase media de su ciudad. El principal motivo del agobio era que con la llegada del nuevo miembro de la familia, el espacio con el tiempo iba resultar insuficiente. Había estado buscando opciones para comprar una nueva vivienda, pero me confesó que estaba asustado por los elevados precios de un mercado inmobiliario al alza desde aquel entonces.

Entendiendo la tesitura de Daniel, y sabiendo su escaso interés en la rama, le ofrecí estudiar la situación económica para darle mi opinión. Después de analizar ingresos y gastos, incluyendo los salarios de él y su esposa, así como los detalles de su hipoteca actual, la cuota fija mensual y el tiempo restante para pagarla, comencé a paliar ese pesimismo.

Le aseguré a Daniel que los ingresos que él y su esposa obtenían eran suficientes para mantener una vida sin excesos en su ciudad y cumplir con las obligaciones económicas. Sin embargo, para conseguir ese espacio más amplio, sugerí seguir el ejemplo de muchos ricos inteligentes. Daniel, entre risas, me confesó que no entendía a qué me refería. Entonces le expliqué: "Los ricos inteligentes no compran propiedades que puedan perjudicar su situación financiera, y tú vas a hacer lo mismo. Un rico inteligente difícilmente compraría un chalet de 4 millones de euros; en su lugar, lo alquilaría, sabiendo que comprarlo podría generar problemas de reventa y convertirse en un pasivo en lugar de un activo.

Tú puedes hacer lo mismo. Alquila tu piso a alguien que lo cuide y, por un máximo de entre 200 y 300 euros más al mes de lo que obtienes por tu alquiler, buscarás un piso para alquilar que satisfaga tus necesidades de espacio. Cuando tus hijos crezcan y se marchen, y si la salud lo permite, podrás volver al piso con tu esposa sin deber nada al banco."

A fecha actual, en marzo de 2024, mi buen amigo todavía reconoce lo positivo que fue el hecho de haber compartido abiertamente sus preocupaciones personales con alguien de confianza. Daniel tomó una decisión similar a la que le propuse, y los resultados han sido significativos. No solo logró evitar una hipoteca de por vida, sino que también se libró de una posible cuota mensual de amortización de hipoteca que, dada nuestra edad, habría sido excesivamente alta y habría afectado negativamente al estilo de vida que disfruta con su esposa.

Todo lo que he estructurado y redactado en este libro refleja mi perspectiva personal, y reconozco que mi visión no constituye una verdad absoluta. Sin embargo, en el caso específico de la decisión tomada por Daniel, considero que fue correcta, y me alegra haber tenido la oportunidad de ayudarle. Con esta historia, se trata de hacer visible cómo convertirse en arrendatario de un inmueble también puede ser una solución a las preocupaciones económicas una vez valoradas las circunstancias y el entorno.

El caso de Daniel puede ser útil para muchas personas, pero poco o nada útil para otras, ya que la situación personal de cada individuo es diferente. Mi amigo, empezó a trabajar y tener un salario a los 22 años, edad con la que se independizó y de forma directa adquirió un piso por una cifra que rondaba los 120.000 euros. Cuando Daniel me llamó preocupado, nada más le quedaba un año y medio de hipoteca para tener el piso pagado. Su segundo hijo nació y siguieron viviendo unos meses en el inmueble del que era propietario.

En cuanto la hipoteca fue finalizada ejecutó la opción que le planteé. Daniel optó por esa vía porque una nueva hipoteca con una cuota de amortización de préstamo de entorno a unos 1.200 euros mensuales con los intereses incluidos, sí que era un condicionante muy serio para poder llegar a final de mes. Con una edad que ronde los 40 años, el banco marca una estrategia hipotecaria y como es lógico, ningún banco va a conceder una hipoteca a nadie que pretenda estar pagándola hasta los 70 ó 75 años.

El caso de Daniel, ejemplificado con datos numéricos quedaría aproximadamente de la siguiente manera:

- Opción 1: la elegida por Daniel:

Datos	Importes
Cuotas mensuales de préstamo pendiente de Daniel	0,00 euros
Ingresos mensuales procedente de alquiler (arrendador)	650 euros
Gasto mensual procedente de alquiler (arrendatario)	875 euros
Diferencia mensual entre los Ingresos y Gastos por alquileres	**- 225,00 euros**

Datos	Importes
Gasto anual en vivienda (225 euros * 12 meses)	2.700 euros
Gasto previsto en vivienda para los próximos 20 años	54.000 euros

- Nota: Lo lógico, es que si el precio de los alquileres sube por evolución del IPC, ambos alquileres cambiarían en la misma proporción.

- <u>Opción 2: Si Daniel hubiera optado por adquirir nuevo inmueble</u>:

Datos	Importes
Cuotas mensuales de préstamo de Daniel (cuota de amortización, no incluye intereses)	1.100 euros
Cuota de amortización anual de la hipoteca de Daniel	13.200 euros
Cuotas de amortización pagadas al finalizar el préstamo en 20 años = valor de la hipoteca (previamente debería pagar la entrada hipotecaria, un 20%)	264.000 euros + la entrada que habría pagado (entre un 20 y un 30%)

- Nota: El valor dado al supuesto inmueble que pretendía, es una media de los precios que él estaba viendo en su ciudad por pisos con las características requeridas por su familia.

- <u>Diferencias entre las opciones 1 y 2:</u>

Datos	Importes
Diferencia mensual a favor entre opción 1 y 2 (225 – 1.100)	875,00 euros
Diferencia anual a favor entre opción 1 respecto a opción 2	10.500 euros
Diferencia en 20 años a favor de opción 1 respecto a opción 2 (sin contar que habría pagado una entrada de nueva hipoteca)	210.000 euros

- Nota: 210.000 euros sería el dinero que Daniel no pagaría cuando su mujer y él puedan volver a su piso. Además, de esta forma, Daniel también se evitó pagar la entrada dineraria a la hora de formalizar una nueva hipoteca para adquirir un inmueble

CONCLUSIÓN:

El caso de Daniel visualiza la importancia de tomar decisiones adaptadas a nuestras circunstancias individuales y a nuestro objetivo futuro, de esta forma, su elección de convertirse en arrendatario en lugar de asumir una hipoteca costosa no solo le ha permitido evitar una carga financiera presente y futura, sino que también le está ofreciendo flexibilidad para adaptarse a los cambios que ha tenido su vida familiar.

Planificarse económicamente hablando puede ser objeto de maximizar nuestros recursos y dinero facilitando el camino hacia la lo que cada uno considere que puede ser su libertad financiera, por lo que la historia aclara que no existe una única ruta ya que cada individuo debe encontrar su propio camino según sus objetivos, intereses y circunstancias.

Capítulo 12

La conclusión de todas las conclusiones: Uniendo los hilos

Conocer y seguir aprendiendo el mundo de las finanzas y las inversiones es una experiencia claramente enriquecedora, llena de objetivos y descubrimientos. En cada capítulo que he escrito he hablado de forma sencilla y clara de una parte de mi vida económica, y también he reflejado hechos llamativos de quienes me rodean, los cuales han servido para reconocer lo importante que es pensar y tener conocimientos, partiendo de una planificación estratégica que permita afrontar con una actitud positiva los obstáculos encontrados para lograr un objetivo.

Desde mis primeros pasos en el mundo laboral hasta la adquisición de propiedades y la exploración de diferentes formas de inversión, he aprendido que el éxito financiero no es solo una cuestión de suerte, sino más bien el resultado de educarse, querer aprender, tener disciplina y tomar decisiones fundamentadas en un estudio muy meticuloso.

Insisto, en que una de las lecciones más importantes es aprender el valor que tiene elaborar ideas, reconociendo que las ideas y el conocimiento son atemporales. Aunque el coste de las cosas pueda fluctuar con el tiempo, el conocimiento y la habilidad para adaptarse a los cambios son fundamentales para el éxito a largo plazo. Por muchas dificultades que nos ponga el entorno, y por mucho que desde las esferas más altas no quieran que evolucionemos, hay que evitar apalancarse, sacando energía para que los contratiempos y rivales manipuladores no nos ganen la partida.

Además, desde pronto supe aceptar que la colaboración y el trabajo en equipo son elementos clave en el camino hacia la libertad financiera. Al rodearme de personas de confianza y compartir ideas, hemos sido capaces de enfrentar desafíos juntos y encontrar soluciones de forma creativa que de momento parece que están siendo bastante efectivas.

En cuanto a las opciones de inversión, he plasmado diversas estrategias, desde invertir en bienes raíces hasta depositar parte de los ahorros en plazos fijos o en la adquisición de acciones. Cada una de estas opciones tiene sus propias ventajas y desventajas, y la elección entre ellas depende de los objetivos individuales, el nivel de tolerancia al riesgo y el horizonte temporal de cada inversor.

También he dejado clara mi creencia en invertir tiempo para generar otro tipo de ingresos, los pasivos, convirtiéndose la palabra **'MONETIZAR'** en una de mis favoritas.

Importante es resaltar, que cada persona tiene su propia visión futura, por lo que mi concepto de libertad financiera no es auténtico, ni el más válido. Cada uno a de crear su futuro según sus objetivos y formas de entender la vida.

En última instancia, quiero creer que a través de la educación financiera, la planificación estratégica y la determinación para alcanzar nuestros objetivos, podemos construir un futuro sólido y alcanzar esa libertad que tanto anhelamos.

La satisfacción personal al elaborar estos capítulos radica en la esperanza de que pueda ser de ayuda para muchos. Deseo sinceramente que un capítulo, varios capítulos, o hasta todos los capítulos hayan sido una inspiración, guía o fuente de ideas para aquellos que los hayan leído. De esta forma he tratado de motivar a cualquier persona con deseos de crecer a que no tire la toalla, ya que una vez detallados títulos como los de mi amigo Paulo, o la monetización obtenida por mi esposa, o incluso el de la historia de Eduardo y Teresa, no es válido decir o pensar que "no sé sobre el tema", "esto será fácil para otros, pero no para mí", "no tengo una base económica o estructural para hacer esas cosas"... Por tanto, si alguien tiene interés en las finanzas y en un mañana más cómodo, mi consejo es leer, interesarse, comprender, adquirir y ampliar conocimiento, observando la forma de actuar de aquellas personas de éxito reconocido que ayudan a los demás mediante sus libros, mediante sus palabras, o mediante la forma en la que comparten sus logros; yo de hecho, con mucho camino por recorrer, sigo unido a ese club, por lo que seguiré aprendiendo de ellos.

¡Pasemos a la segunda parte!...

PARTE II

"APRENDER A CREAR DISCIPLINA FINANCIERA: LAS XI CLAVES"

INTRODUCCIÓN

La segunda parte de este libro, para mí, es la principal base para construir todo propósito que tengamos en nuestra vida. En este caso, lo uniré al ámbito financiero.

Crear conocimiento y una disciplina financiera son claves, ya que permite elaborar en nuestra mente un guión que dirija al individuo hacia un futuro económico próspero y seguro.

Aquí trato de hacer un repaso personal de esas claves mostrándolas a todos, ya que las considero imprescindibles para iniciar el camino hacia una gestión financiera efectiva. La meta va a ser aprender a organizarse y a tomar decisiones inteligentes para construir un patrimonio duradero.

Ello se resume en prácticas fundamentales para iniciar esa construcción, planificando el largo plazo y la gestión de riesgos. Para ello, hay que destapar las herramientas más esenciales que ayudarán a tomar el control de la mente y de las finanzas.

Crear disciplina y eliminar de nuestra vida aquello que no nos aporta, es de vital importancia.

También lo es mantener la cabeza "fresca" y una mentalidad correcta. Con ello es más fácil superar desafíos y alcanzar objetivos financieros de forma segura.

Las claves para obtener una disciplina financiera estable están al alcance de todos y nos ayudará a explorar el camino correcto hacia la libertad financiera.

CONCLUSIÓN DE LO QUE ENCONTRAREMOS:

- Análisis de las claves fundamentales para una gestión financiera efectiva, reconociendo las herramientas necesarias para construir un patrimonio duradero.

- Ayuda para crear una disciplina financiera sólida, eliminando todo aquello que realmente no nos aporta e incorporando lo que sí aporta, haciendo más sencillo el poder alcanzar nuestros objetivos económicos a largo plazo.

- Reconocimiento de que la disciplina financiera nos brinda la capacidad de tomar decisiones informadas, establecer metas financieras realistas y seguir un plan estratégico para alcanzarlas.

- Mención a la importancia de generar una mentalidad positiva y estar en un estado mental claro y tranquilo, ya que ello permite tomar decisiones financieras fundamentadas y evitar reacciones impulsivas ante situaciones estresantes.

¡Vamos a por ello!…

Clave I

Conocer los impuestos y las normas, minimiza riesgos y clarifica los escenarios

Al adentrarnos en el mundo de las finanzas e inversiones, lo normal es encontrarse ante un laberinto lleno de oportunidades y metas que conseguir. Sin embargo, uno de los obstáculos más importantes a tener en cuenta es desconocer la existencia o funcionamiento de los impuestos. Ello puede generar grandes confusiones y también generar pesimismo, pero conocerlos es una pieza fundamental para acometer cualquier plan financiero.

Los impuestos y gastos generados en cualquier operación provocan un impacto en las ganancias, pero entenderlos nos ayuda a optimizar la rentabilidad.

Ya hemos visto en la primera parte del libro que por ejemplo, conocer la existencia y el funcionamiento del Impuesto Sobre el Valor Añadido (IVA), puede ser un factor que juegue a nuestro favor. Reflejé qué es lo que hice cuando propuse reformar el local diáfano del cual multipliqué los ingresos por cinco. Al realizar la inversión, se pagaron la totalidad de las facturas, pero al dar de alta el local en una Actividad Económica para comenzar a tributar, provocó que el IVA (de inversión) solicitado fuera devuelto. En cambio, cuando empezamos a declarar trimestralmente los ingresos obtenidos por el arrendamiento de los despachos, ya sabemos que la totalidad de lo cobrado no es para nosotros, ya que el 21 % (en estos momentos) es para la Agencia Tributaria.

En otro tipo de inversiones el IVA no interviene, esto ocurre en las inversiones realizadas por particulares que no tienen dada de alta ninguna Actividad Económica ni Empresarial. En estos casos, ya sabemos que si adquirimos un inmueble, el coste total del mismo no es solamente el precio de venta que observamos en los portales inmobiliarios, si no que a ese importe habrá que sumarle el Impuesto de Trasmisiones Patrimoniales (ITP) como compradores que somos, además de asumir otros gastos como los de la posible gestión de una inmobiliaria, el cambio de escrituras en el notario, la inscripción en el Registro de la Propiedad, e incluso los gastos bancarios que pueda generar adquirir el inmueble mediante una hipoteca.

Por otro lado, si el estilo de inversiones a elegir, es el correspondiente con la compra – venta de inmuebles para obtener rentabilidad inmediata, o lo son la compra-venta de acciones, tenemos que tener en cuenta que la ganancia obtenida, será una Ganancia Patrimonial basada en la diferencia entre el precio o coste de adquisición y el precio de venta, la cual deberemos declarar en el Impuesto anual de la Renta de las Personas Físicas, destinando a las arcas del Estado entorno al 20 % de esa ganancia limpia. Volviendo a las rentas obtenidas por ventas de inmuebles, en este caso, como vendedores no asumiríamos el ITP, pero si pagaríamos la plusvalía municipal por la venta.

CONCLUSIÓN:

Destacaría que cuando realicemos cualquier operación, lo recomendable es hacer un estudio de la viabilidad de la misma, puesto que hay unas normas e impuestos que están completamente ligados a cualquier inversión que realicemos, por todo ello, redactaré las siguientes consideraciones:

1. Impacto en las ganancias:

    Los impuestos, como ya he explicado, pueden afectar significativamente a la ganancia obtenida por la inversión realizada. Dependiendo del tipo de inversión y del lugar donde la realicemos, puede haber impuestos indeseados que habrá que analizar previamente para ver la magnitud de afectación a nuestras ganancias y es a partir de ahí, donde tomaremos la decisión de si invertir es, o no, una buena decisión.

    Por tanto, si comprendemos cómo se gestionan estas diferentes formas de ingresos que se obtienen al invertir, el individuo que decide invertir evaluará con más exactitud cuál es el rendimiento real de la inversión, por lo que estará capacitado para tomar una decisión sobre dónde invertir su capital o ahorro.

2. Planificación Fiscal:

   Entender cómo los impuestos afectan a las inversiones permite planificar de manera estratégica nuestra cartera de inversiones.

   Además, en algunas ocasiones, conocer los impuestos puede afectarnos de forma positiva, ya que dependiendo cómo realicemos una inversión, podemos solicitar la devolución de un impuesto como el IVA, o incluso podemos desgravar gastos que desconocíamos para reducir el impuesto sobre las ganancias obtenidas

3. Conocer y aplicar la ley:

   Es importante tener en cuenta que la falta de conocimiento sobre la ley no justifica el incumplimiento de la misma, de este modo, es esencial conocer la ley y cumplir con las obligaciones fiscales ligadas a las inversiones que realicemos, con ello, un inversor esquivará posibles problemas legales e incluso abultadas sanciones económicas.

Clave II

La balanza de la relación tiempo – rentabilidad en las inversiones

Hace cinco años establecí una conversación con mi gran amigo Míster, del cual ya hablé en la primera parte de este libro. Conversar con él en ese momento fue para sugerirle un proyecto vinculado a su campo profesional.

Analizando que su negocio de Academia de Inglés estaba creciendo, le propuse, para cerrar el curso escolar, la realización de una especie de campamentos de habla inglesa en algún pueblecito con encanto que estuviera cerca de nuestra localidad. La filosofía del campamento consistía en una inmersión lingüística de una semana elaborando gincanas y actividades lúdicas basadas en la filosofía de enseñanza del idioma de origen de mi amigo.

Míster, que me conoce perfectamente, me instó a que elaborara un guión de lo que pretendía y el lugar donde hacerlo. Realizada la tarea, nos reunimos y dijo que le parecía una fantástica idea por dos motivos: primero, porque en esos momentos ninguna academia de la competencia ofrecía tal actividad; y segundo, porque él pensaba que solicitando mediante la Asociación de Padres y Alumnos una reunión con algunos colegios de la ciudad, con mi supuesta capacidad de explicar el proyecto y de llegar a los asistentes, podríamos hacer un recuento adecuado de niños que nos diera números sobre la conveniencia, o no, de realizar la excursión de 7 días.

Llegado el mes de Abril, el número de padres que inscribieron a sus hijos para el viaje, era ya suficiente como para mínimo cubrir los gastos del mismo, así que la decisión fue la de afrontar el reto en el mes de Junio.

Mi tarea principal en los meses previos al desafío era la de realizar tablas contables en relación a los niños inscritos y a la necesaria previsión de gastos que se generaban e iban a generarse. También contraté el seguro de Responsabilidad Civil necesario, preparé las actividades investigando el mercado de este tipo de inmersiones e hice las reservas del autobús y del albergue que finalmente seleccionamos como campamento base.

La semana del campamento llegó, mencionando que personalmente los nervios corrían como hormigas por mi cuerpo. Las tareas previas al evento, la inexperiencia en organizar estas actividades lúdicas y la carga de trabajo que tenía en esa fecha en la empresa a la que me debo, también hicieron que llegara bastante agotado.

Una vez inmersos en la actividad, reconozco que la semana se hizo larga como una pista de despegue. Los nervios que iba acumulando en que todo fuera correcto y en que no ocurriera ningún incidente, hizo que una vez acabado el campamento me planteara la necesidad de realizar otro año este proyecto, aún reconociendo que existieron felicitaciones por parte de los padres una vez acabada la experiencia. Mi amigo Míster estaba satisfecho, sin embargo, yo maduré mi propia conclusión: adentrarme en una tarea en un área que no domino me generó mucha inseguridad. Además, la tensión acumulada fue extrema, lo que sumado al esfuerzo mostrado para que todo transcurriera con éxito, hizo que la balanza de la compensa tiempo – rentabilidad se inclinara claramente en no repetir el evento.

Mi satisfacción fue la de haber dado una idea a mi amigo Míster, el cual continuó con el proyecto en futuros años. Por mi parte, le animé a que buscase una persona de mi perfil pero además con experiencia en este tipo de actividades. Y así lo hizo.

De esta forma:

En ocasiones, es necesario evaluar si el tiempo dedicado a realizar una inversión realmente vale la pena. Es fundamental tratar de anticiparse en intuir si la rentabilidad potencial justifica el tiempo invertido. Quizá, a veces, lo mejor sea apartarnos e ir a por otro objetivo.

Mantener un equilibrio mental para determinar la conveniencia de emprender algo, es vital. En ciertas situaciones, el intento de llevar a cabo una inversión sin tener mucho conocimiento en ella, o por justificar que estamos haciendo algo que se parezca a invertir, puede consumir una cantidad considerable de tiempo, un recurso valioso como el oro, que podríamos destinar a otras áreas prioritarias en nuestras vidas, como formarnos en un área que conozcamos o nos guste para luego invertir en ella con toda nuestra energía.

CONCLUSIÓN:

Es esencial usar la balanza de la relación tiempo-rentabilidad al tomar decisiones de inversión, asegurándonos que el tiempo dedicado se traduzca en beneficios significativos para nuestros objetivos financieros a largo plazo.

Clave III

Cultivar la salud y la mente

A lo largo de este libro, he decidido compartir aspectos de mi vida, y para explicar esta clave, lo sigo haciendo sin sentirme avergonzado, porque como cualquier ser humano, reconozco que todos estamos en condiciones de mejorar detectando cuáles son nuestros defectos y carencias.

Al hilo de lo mencionado, destapando a la persona, yo he sido de esos que en momentos de intenso estrés o bloqueo mental, he recurrido a mecanismos que, con el tiempo, he comprendido que no son soluciones efectivas para encontrar claridad o relajarme.

A veces, cuando me he sentido agobiado o estresado, he tendido a buscar relajación en reuniones sociales, disfrutando de unas cuantas cervezas de más para liberar tensiones acumuladas durante la semana. Sin embargo, con el paso del tiempo, he llegado a comprender que esta práctica no es más que un parche instantáneo que no soluciona mi sentir en ese momento.

Lo mismo ocurre con la comida. En momentos de estrés o ansiedad, puedo caer en la tentación de comer en exceso, buscando una especie de alivio poco duradero, por lo que he aprendido que una alimentación poco saludable afecta tanto a mi cuerpo como a mi mente, sintiéndome pesado e incapaz de concentrarme.

Renunciar a todo ello, si realmente nos satisface realizarlo en un momento dado, sería una postura radical, por lo que encontrar un equilibrio entre la responsabilidad y el disfrute, es la clave para cultivar la salud física y la mente, porque son peldaños esenciales en la construcción de un camino hacia el éxito tanto personal como financiero.

Introducida esta tercera clave, remarcaré cómo algunos hábitos simples pueden marcar una gran diferencia en nuestra capacidad para afrontar los desafíos financieros con mayor claridad y determinación:

1. Trabajar la mente para pensar en positivo: Mantener una mentalidad positiva es fundamental para superar obstáculos y alcanzar metas financieras. Si desarrollamos una actitud optimista, estaremos más capacitados para enfrentarnos a los desafíos con una gran creatividad.

   Y como esto no es un libro de superhéroes de ficción, hay que subrayar que no se trata de ignorar los problemas, sino abordarlos con una perspectiva constructiva y enfocada en soluciones.

2. Practicar deporte: Por experiencia propia, el ejercicio regular no solo beneficia a mi cuerpo, sino también a mi mente, por ello, la herramienta clave para paliar momentos de agobio o estrés es

la actividad física. Personalmente, hago deporte 5 días a la semana, con ello afirmo que reduzco el estrés, mejoro el estado de ánimo y tengo mayor tiempo de claridad mental y concentración, lo que me ayuda a tener una mejor vida, y además, a tomar todo tipo de decisiones de forma más acertada.

3. Llevar una dieta equilibrada: Como ya he introducido, la forma de alimentarse es muy importante a la hora de afrontar con energía cada momento del día, ayudando al mismo tiempo a nuestra mente. Rara debe ser la ocasión que nos lleve a abandonar nuestra dieta saludable, pues ésta constituye uno de los pilares fundamentales que contribuyen a mejorar nuestro rendimiento en el día a día.

4. Equilibrar el estilo de vida: El exceso en el consumo de alcohol y la participación recurrente en reuniones sociales que incentiven a tal ingesta, es evidente que afectan negativamente a nuestra salud física y mental. Sin embargo, ya he mencionado que es importante disfrutar de estos placeres con moderación y reconocer cuándo es el momento adecuado para hacerlo. El equilibrio es clave para mantenernos enfocados en nuestros objetivos.

CONCLUSIÓN:

Cuidar la salud física y mental es esencial para establecer una base firme que ayude a emprender el camino hacia nuestras metas financieras. Adoptar una mentalidad positiva, mantenerse activo físicamente, seguir una dieta equilibrada y disfrutar de un estilo de vida moderado, son prácticas clave que nos ayudarán a alcanzar objetivos cotidianos y financieros con claridad, firmeza y bienestar general.

Clave IV

Ser buena persona

Durante una de esas habituales charlas con mi padre a través de mensajes instantáneos, me envió un buen artículo de un periodista que exploraba decisiones financieras de cuatro personas destacadas. Confieso que, a menudo estas conversaciones pueden pasar desapercibidas, abriéndolas en momentos de poco tiempo o dejándolas pendientes para más tarde, de forma que en algunas ocasiones se quedan sin leer. Sin embargo, en una de ellas pude prestar atención momentánea y descubrí que una de las personalidades mencionadas era Robert Kiyosaki. Intrigado, tomé la decisión de leer de inmediato el artículo completo y compartí mis reflexiones con él. Lo sorprendente fue que, a pesar de la riqueza de información sobre estrategias financieras, mi padre señaló algo que faltaba: ninguna de las claves destacaba la importancia de ser buena persona. Esta observación quedó grabada en mi mente por dos motivos: primero, porque una vez más se hizo evidente la importancia que tiene para mi padre ser buena persona; y segundo, porque analizando la frase, al reflexionar te das cuenta que no solo hay que ser buena persona por tener éxito financiero, si no porque ser buena persona hace sentir mejor a la propia persona, llevándola de forma más sencilla y transparente a sus metas. Me explico:

1. Ser amable, trasparente, claro, directo y honesto con los demás puede ayudar a construir relaciones sólidas basadas en la confianza y un respeto mutuo con la contraparte. Ser así de corazón, puede ser fundamental en el mundo de los negocios, ya que puede abrir puertas, generar oportunidades y facilitar ser escuchado con la atención que uno merece.

2. La reputación de una buena persona es positiva, y ello, lo considero como un activo valioso en el ámbito profesional. Personalmente, yo prefiero realizar cualquier trato u organizar cualquier plan de conveniencia con personas que son éticas y confiables, lo que nuevamente, se traduce en más oportunidades de crecimiento y más opciones de lograr conseguir metas financieras.

3. Finalmente, ser compasivo y comprometido, es un motivo más para ser feliz, lo que se traducirá en una mayor productividad y rendimiento en nuestras metas cotidianas o financieras.

CONCLUSIÓN:

Ser buena persona no debe ser una actitud premeditada, si no, que debe ser una actitud natural que en ningún caso tiene que ser trabajada.

Las buenas personas tienen un motivo más para ser felices, lo que ayuda a ser productivos generando de forma natural un beneficio tangible e intangible que pueden contribuir significativamente al éxito cotidiano y financiero.

Clave V

Aplicar la psicología: Saber gestionar nuestras ideas, evaluando cuidadosamente a quién, cuándo y cómo compartirlas

Antes de adentrarnos en el análisis de la siguiente clave, es crucial recordar la importancia de ser una buena persona para alcanzar el éxito en todas las áreas de la vida. Sin embargo, es vital comprender que ser una buena persona no implica ser ingenuo ni permitir que se aprovechen de nosotros. Nuevamente el equilibrio entra en escena. Equilibrar la bondad y la astucia, sin perjuicio de nadie, puede evitar que seamos víctimas de personas poco éticas u honradas que pueden perjudicar nuestro ámbito cotidiano y financiero.

Recuerdo claramente un día de trabajo en el que tuve la oportunidad de asesorar a un potencial cliente que deseaba emprender un negocio en el sector de la restauración. Su idea era clara: abrir un restaurante en un pequeño pueblo, situado a unos 60km de mi ciudad y ubicado cerca de un monumento histórico perteneciente a la localidad vecina. Dicha localidad carecía de establecimientos similares y los números respaldaban claramente la viabilidad económica. Aprovechar la afluencia de turistas que visitan la zona se consideraba clave.

Sin embargo, una serie de circunstancias personales llevaron a mi cliente a posponer su proyecto. Justo antes de ese tiempo de pausa, compartió entusiastamente su idea en el bar local, con detalles e incluso cifras que reflejaban la claridad de la idea.

Este acto de transparencia resultó ser muy perjudicial para él, ya que otro individuo escuchó su idea, la contó a un familiar de la gran ciudad que estaba sin empleo y éste la llevó a cabo antes de que mi cliente pudiera hacerlo.

La citada experiencia resalta la importancia de manejar nuestras ideas con cautela y discreción. Aunque la transparencia y la honestidad son virtudes que destaco, también insto a proteger nuestras ideas y proyectos hasta que estén completamente consolidados. Estamos ante un mundo con marcada carencia de originalidad y compartir demasiado pronto puede exponernos a que otros se aprovechen de nuestro trabajo.

CONCLUSIÓN:

1. Al gestionar nuestras ideas debemos ser estratégicos y astutos. Esto implica saber cuándo es el momento adecuado para compartir detalles personales. Si bien es importante mantener relaciones abiertas, también debemos proteger nuestros intereses y asegurarnos de que nuestras ideas están en un espacio seguro. Esta clave número 5, enseña la importancia de equilibrar la generosidad con la prudencia en nuestro viaje hacia el éxito.

2. Se hace necesario aplicar la psicología. Muy claro debemos tener que la persona que tenemos enfrente nunca pueda fallarnos, por ello, hay que ser inteligentes gestionando nuestras ideas, evaluando a quién, cuándo y cómo compartirlas.

Clave VI

Actuar sólo para impresionar a otros no es inteligente

Quiero entender que es fácil caer en la trampa de querer asombrar a los demás con nuestros gastos, ya sea adquiriendo una vivienda en el barrio de moda de la ciudad que exceda a la larga lo que nuestro presupuesto marca, o comprando un coche caro para aparentar un estatus que quizá sea dificultoso sostener. Pero, ¿realmente vale la pena comprometer el estado de nuestras finanzas y nuestra tranquilidad sólo por tener un capricho o incluso para impresionar a los demás?

Siendo sincero, creo que a nadie le importa tanto cómo pensamos, qué hacemos y cómo vivimos. Yo personalmente, estoy muy ocupado con mi propia vida, con mis inquietudes y con mis problemas, aspectos que me impiden analizar con detenimiento detalles lujosos del entorno que me rodea. Sin embargo, sí que es importante para mí saber que la familia y amigos verdaderos me valoran por quién soy, no por las cosas que poseo o muestro.

A lo largo del libro, ya he dado a entender que mi pensar se dirige más a invertir el dinero en cosas que realmente importan, que ayuden a largo plazo. Nunca basadas en aparentar un elevado estatus. Por ejemplo, una de mis decisiones a la hora de adquirir vehículos, es que en lugar de gastar en uno nuevo de alto coste que perderá valor rápidamente, siempre he decidido optar por vehículos de segunda mano, usando un buen asesoramiento, que cumplan con la necesidad que he requerido en cada momento de mi vida sin comprometer esa estabilidad financiera. Esta modestia en mis gastos, me ha brindado una mayor seguridad financiera y paz mental a lo largo de los años porque nunca he tenido que arrepentirme por gastar mi ahorro en un bien depreciable, o nunca he tenido que estar pendiente de cuotas por préstamos que no me generan ningún tipo de ingresos pasivos.

CONCLUSIÓN:

Con esta sexta clave, trato de exponer que obtener éxito financiero no está unido a impresionar a los demás con nuestras posesiones, sino en tomar decisiones financieras inteligentes que estén ligadas a valores personales. En lugar de actuar para sorprender a los demás, el esfuerzo se debería de emplear en conocer nuestros límites económicos y en construir una base consistente para nuestro futuro financiero.

Clave VII

Vive dentro de tus posibilidades

Similar a la clave anterior, y quizá muy evidente, igualmente importante es no vivir por encima de nuestras posibilidades, independientemente del salario o renta que un individuo pueda percibir. Me explico:

Asociar un salario elevado con una situación financiera estable y exitosa es bastante común. Sin embargo, la verdad es que el nivel de ingresos no asegura una economía saludable si no se controla el gasto de manera adecuada. Ello se analiza en conversaciones cotidianas donde, en ciertos círculos de confianza, uno puede escuchar a una persona (individuo 1) mencionar que tiene un salario de X cantidad, mientras que otra persona (individuo 2), en la misma conversación, afirma tener un salario de X+1, provocando envidia sana entre los presentes.

Es en estos momentos mientras sigo atento a la informal tertulia cuando me pregunto a mí mismo: ¿realmente importa el salario de cada individuo en esta conversación? Mi conclusión es que no. Lo verdaderamente relevante es el saldo limpio que cada individuo logra mantener al finalizar el mes. En otras palabras, lo que importa es conocer la cantidad de dinero de la cual dispone cada individuo después de cubrir todos los gastos mensuales. Y es este enfoque el que nos lleva a una comprensión más profunda de la economía de cada individuo.

Consideremos un ejemplo: el Individuo (1) gana 2.200 euros al mes, mientras que su amigo (2) disfruta de un salario mensual de 4.500 euros. A simple vista, podríamos asumir que (2) tiene una ventaja significativa sobre (1). Sin embargo, al analizar más de cerca sus hábitos de gasto y estilo de vida, descubrimos algo más allá del salario:

El individuo (1) ha adoptado un enfoque prudente hacia sus finanzas. A pesar de menor salario, ha establecido un presupuesto cuidadosamente planificado que le permite cubrir sus necesidades básicas y ahorrar para el futuro. Vive en un piso modesto ya pagado en las afueras de la ciudad y es propietario de un coche de varios años de antigüedad, evitando así los gastos adicionales asociados con los pagos mensuales de un préstamo de automóvil.

Por otro lado (2), a pesar de su salario más alto, ha caído en la trampa de vivir más allá de sus medios. Se ha dejado seducir por un alto estilo de vida, comprando una casa grande en un barrio exclusivo y adquiriendo un coche nuevo cada pocos años con una financiación llamativa. Aunque su ingreso mensual es considerablemente más alto que el de su amigo (1), sus altos gastos mensuales le han dejado con poco margen para ahorrar y construir una economía fuerte. Véase en ejemplo con datos:

	INDIVIDUO (1)	INDIVIDUO (2)
Salario mensual (€)	2.200	4.500
Gastos mensuales básicos, incluidos consumos en vivienda (€)	600	800
Gastos mensuales extras – ocio, comunidad, limpiadora, jardinería, alarma, ... - (€)	300	1.300
Hipoteca (€)	-	1.500
Gastos coche (€)	250	700
Renta mensual limpia (€)	1.050	200

En este sentido, es esencial que cada individuo estudie detenidamente su situación financiera y establezca una línea clara que no debe sobrepasar, en términos de gastos. Esto implica adoptar un enfoque consciente hacia el consumo y priorizar el ahorro y la inversión a largo plazo sobre la gratificación instantánea.

Además, es importante reconocer que la verdadera medida de la salud financiera no radica en el tamaño del salario, sino en la capacidad de mantenerse dentro de nuestras posibilidades y construir una base sólida para el presente y el futuro.

Para completar esta idea, podríamos agregar:
- Lo importante de crear un fondo de emergencia para hacer frente a imprevistos financieros (lo veremos más adelante).

- La necesidad de establecer estrategias para reducir gastos elevados y evitar deudas innecesarias.

- Revisar y ajustar regularmente el presupuesto para adaptarse a cambios en los ingresos o los gastos.

- La satisfacción y tranquilidad que provienen de vivir dentro de nuestras posibilidades y tener control sobre nuestras finanzas.

CONCLUSIÓN:

Esta clave, destaca la importancia de vivir dentro de nuestras posibilidades financieras, independientemente del nivel de ingresos. Más que centrarse en el monto del salario, es crucial mantener un equilibrio entre ingresos y gastos, priorizando el ahorro y la inversión a largo plazo sobre obtener ganancias instantáneas.

La comparación de salarios entre individuos es irrelevante si no se considera el saldo neto después de cubrir todos los gastos mensuales. La gestión prudente de las finanzas implica establecer un presupuesto cuidadosamente planificado, evitar la tentación de vivir por encima de nuestros medios y crear un fondo de emergencia para imprevistos.

En resumen, la verdadera medida de la salud financiera radica en la capacidad de mantenerse dentro de nuestras posibilidades y construir una base sólida para el presente y el futuro, proporcionando gratificación y seguridad.

Clave VIII

Serás el promedio de con quién te juntes

Es innegable que las personas con las que pasamos la mayor parte de nuestro tiempo ejercen una influencia significativa en nuestras vidas.

Mi grupo de amigos no ha variado nada desde que éramos niños, nos conocimos en la infancia en el colegio donde nos hemos educado y desarrollado como personas.

Desde temprana edad, la mayoría de nosotros empezamos a practicar fútbol juntos, aunque algunos no mostraban tanto interés o habilidad en el deporte como otros. Sin embargo, a medida que crecíamos, todos, absolutamente todos, terminamos participando en el mismo equipo del colegio compitiendo en ligas locales y provinciales.

A su vez, a medida que avanzábamos en nuestros estudios, llegó el momento de tomar decisiones sobre nuestro futuro académico y profesional. Aunque cada uno tenía sus intereses y objetivos, todos optamos por cursar estudios universitarios y completar nuestras carreras con éxito.

Estos ejemplos dejan claro que, de forma general, nuestras decisiones y aspiraciones están moldeadas por las personas con las que nos rodeamos y las influencias que recibimos.

A medida que hemos madurado, cada uno de nosotros ha tenido que diseñar su vida de forma diferente, por lo que nuestras prioridades e intereses han cambiado y evolucionado en consecuencia. En este sentido, hemos tenido que cambiar de tablero de juego para convertirnos en el promedio de otro entorno que hemos elegido para continuar con nuestro desarrollo.

En mi caso particular, para potenciar mis intereses financieros y empresariales, he necesitado buscar nuevos círculos y entornos que me brinden el conocimiento y la experiencia necesarios, es decir, lo mismo que han hecho el resto para diseñar sus intereses.

Aunque sigamos manteniendo fuertes lazos, hay que entender la importancia que, personalmente, le he dado a expandir la red de personas con quien compartir mis metas y aspiraciones en el ámbito empresarial y financiero, lo que me ha permitido enriquecer mi perspectiva y adquirir nuevas habilidades para avanzar en mis objetivos profesionales y personales.

Finalizando el análisis de la clave número VIII, destacamos que llega un momento en la vida en que salir de nuestra zona de confort es muy importante para desarrollarnos en aquello que queremos lograr. Si bien no debemos alejarnos completamente de nuestros amigos actuales, es importante buscar oportunidades para expandir nuestro círculo social y rodearnos de individuos que nos impulsen hacia lo que consideramos crecimiento personal.

CONCLUSIÓN:

- Nuestra vida y nuestras decisiones están condicionadas en gran medida por las personas con las que nos rodeamos. Desde temprana edad, nuestras relaciones con amigos influyen en nuestras elecciones y aspiraciones. A medida que la vida avanza, es importante reconocer cómo nuestro entorno social puede afectar a nuestras metas y objetivos.

- Al ser conscientes de la influencia de nuestro círculo social, podemos tomar decisiones más informadas sobre con quién pasamos nuestro tiempo. Identificar entornos y personas que compartan nuestros intereses y nos inspiren puede ser fundamental para nuestro crecimiento personal y profesional.

- Si bien es importante mantener los lazos con nuestros amigos y familiares, también creo necesario salir de nuestra zona de confort para descubrir nuevas oportunidades y expandir nuestro círculo social. Al rodearnos de personas que nos desafíen de forma positiva, podemos optimizar nuestro potencial.

Clave IX

Invertir no es ir al casino

Recuerdo claramente el año 2020, marcado por la Pandemia Mundial, un periodo en el que todos nos vimos obligados a vivir encerrados en nuestros hogares. Fue un momento de profunda reflexión para muchos, lo que llevó a cientos de individuos a investigar nuevos campos o fortalecer habilidades. Para algunos, esta crisis se convirtió en una ventana de oportunidades, donde la insistencia les llevó al éxito financiero. Sin embargo, para otros, la situación fue todo lo contrario.

Después del periodo de confinamiento más profundo, recibí la visita de un joven que buscaba asesoramiento sobre cómo declarar las ganancias obtenidas por la compra y venta de criptomonedas y acciones en mercados internacionales. Tras explicarle detalladamente que estas ganancias debían ser reflejadas en su declaración de renta como ganancias patrimoniales, intercambiamos varias impresiones sobre este moderno campo de inversión y establecimos una relación de confianza. Quedé sorprendido por la magnitud de sus ganancias, lo que despertó mi interés en las inversiones en las que él estaba involucrado.

Si retrocedemos a ese período, recordaremos cómo ciertas acciones tecnológicas y farmacéuticas, junto con el mundo de las criptomonedas liderado por el Bitcoin, alcanzaron en algunos casos máximos históricos, y otras un gran crecimiento muy repentino respecto a cómo estaban cotizando.

A lo largo de las semanas siguientes, el joven continuaba visitándome, pero con la vuelta a un mundo más normalizado lo hacía con menor frecuencia. Sin embargo, aún manteníamos contacto a través de llamadas telefónicas, donde él seguía compartiendo su evolución, que seguía siendo positiva pero ya en una proporción mucho menor. En una de esas conversaciones, le pregunté sobre su conocimiento en la materia, a lo que respondió que no tenía mucha formación, que simplemente seguía un grupo de mensajería instantánea y se dejaba llevar por los movimientos de otros, confiando principalmente en sus propias intuiciones.

Realmente, ese detalle no me generó demasiada confianza, así que se lo hice saber. Le aconsejé que en un mundo tan volátil y en una época de tanta incertidumbre, lo prudente sería dejar de realizar movimientos tan agresivos. Recomendé que retirara su dinero con la ganancia que ya tenía y que esperara a volver a invertir cuando adquiriera un plus de formación y conocimiento en ese campo.

Pasamos mucho tiempo sin hablar hasta que un día nos encontramos casualmente en la calle. Me interesé nuevamente en cómo llevaba sus inversiones y me dijo que las cosas no estaban bien, advirtiéndome que lo vería reflejado en los números de su declaración de la renta. Cuando llegó el momento de hacer la declaración, analizamos todos sus movimientos y vi cómo la frecuencia de sus operaciones era casi diaria. Una vez completado mi análisis, él ya sabía que no había tenido ganancias, e incluso había experimentado pérdidas. Y así fue, lo que había comenzado como una ganancia extrema sin conocimientos previos, se convirtió en una ligera pérdida. Afortunadamente, no fue a peor, dejó de insistir en el momento en que se dio cuenta de que la suerte en el casino se había acabado.

La explicación técnica del caso vivido se fundamenta en la importancia de adoptar una estrategia de inversión en algo que conocemos y además que sea enfocada para el largo plazo, es decir, basada en el conocimiento y la paciencia. Al igual que cuidar de una planta requiere tiempo y dedicación para verla crecer poco a poco, invertir también implica un proceso de crecimiento progresivo.

Es crucial entender que la inversión no es un juego de azar ni una actividad para obtener ganancias rápidas. Yo a mi gente cercana les suelo ejemplificar el hecho con la comparativa de que si alguien busca emoción, riesgo y resultados instantáneos, su lugar está en un casino o en un parque de atracciones.

En esta clave IX, he tratado de describir un ejemplo real, donde se hace más que evidente que invertir en criptomonedas, acciones o cualquier otro activo sin la formación adecuada es idéntico a apostar en la ruleta. El verdadero éxito en la inversión proviene en conocer el mercado y los activos en los que se invierte, lo cual requiere un proceso de estudio y una formación en el área que nos interesa. Como detalle, estudiando a las personalidades de mayor éxito en esta materia, éstos acumulan acciones de empresas consolidadas gradualmente, con la intención de mantenerlas indefinidamente y beneficiarse del crecimiento continuo de su inversión a lo largo de los años.

CONCLUSIÓN:

- Invertir no es una actividad para buscar emociones o resultados rápidos, sino que requiere paciencia, conocimiento y una estrategia bien definida.

- A través del caso expuesto, hemos visto cómo la falta de preparación puede conducir a pérdidas financieras significativas. Es fundamental entender que una inversión efectiva implica comprender los mercados en los que se invierte, así como tener una visión a largo plazo.

- La educación financiera y el aprendizaje continuo son pilares fundamentales en este proceso, ya que nos permiten tomar decisiones informadas y gestionar los riesgos de manera más segura.

- En última instancia, si decidimos invertir, lo recomendable es hacerlo de manera responsable y bien fundamentada para alcanzar nuestros objetivos financieros.

Clave X

La necesidad de un fondo de emergencia

Entre los numerosos clientes no empresarios a los que atiendo anualmente para la declaración de la Renta de las Personas Físicas, se encuentra Javier, un hombre de unos 50 años, soltero, que reside en un pueblo cercano a mi ciudad y que posee un potencial como inversor que no ha querido explotar.

Hace unos años, este nuevo protagonista recibió una considerable herencia, gestionó el dinero para generar ingresos de una forma más bien pasiva y renunció a su trabajo para dedicarse a aquello que más le gusta: viajar, fotografiar y escribir artículos, algunas veces publicados en su blog y otras en periódicos locales.

Como buen bohemio, su filosofía es disfrutar del día a día y evitar que la inflación afecte a sus ahorros, por lo que él prefiere gastar el dinero en vivir una vida plena que verlo devaluarse con el tiempo.

Con la herencia, Javier adquirió instantáneamente dos propiedades inmobiliarias, llegando a tener cuatro, dos de las cuales ya eran de su propiedad, y las otras las compró con el dinero de la herencia. Una es su hogar y las demás las ha ido arrendando, dos como vivienda habitual de sus inquilinos y una como apartamento turístico, el cual ha sido y sigue siendo gestionado por una inmobiliaria para alquileres semanales.

Ya he mencionado que Javier dejó de ser empleado por cuenta ajena para dedicarse a lo que más ama, convirtiendo sus habilidades como escritor y fotógrafo en su actividad como autónomo (trabajador por cuenta propia). Esto le proporciona un ingreso modesto pero necesario para seguir cotizando de cara a su supuesta jubilación y para cubrir sus necesidades básicas, mientras que sus principales ingresos provienen de los alquileres.

El ahorro mensual del protagonista ronda los 1.500 euros, ya que los costos de vida en su municipio son más bajos que en las grandes ciudades. Sin embargo, cada seis meses realiza un gran viaje que reduce significativamente sus ahorros al regresar.

Al hilo de la clave, un día mi cliente me visitó para hablar sobre una situación inesperada: una reunión de vecinos concluyó realizar importantes reformas en uno de sus inmuebles, que incluían la instalación de un ascensor y el saneamiento de la fachada, el tejado y los garajes de la finca, lo cual iba a dejar a Javier con cuentas cercanas a cero. Ante la posibilidad de solicitar un préstamo personal, Javier optó por vender una de sus propiedades en alquiler, por lo que actualmente dispone de tres. Él pensó que entre el remanente que obtendría por la venta, descontando el gasto de las reformas comunitarias, más los alquileres que seguiría obteniendo, si eliminaba parte de esos viajes que él hacía, le daría para poder vivir hasta el momento de su jubilación.

Una vez que Javier tomó la decisión, no quise darle mi punto de vista, porque no había marcha atrás, pero si le indiqué que por favor, a partir de ese momento se tomara muy en serio el aplicar una regla: establecer ***un fondo de emergencia con entre 4 y 7 meses de gastos cubiertos****, ya que en la vida, como había quedado demostrado, pueden acontecer imprevistos que requieren de recursos financieros.

Como razonamiento, todos en esta vida estamos en disposición de seguir aprendiendo, por lo que cometer errores es frecuente tengamos la experiencia que tengamos. Personalmente, respeto la vida que ha elegido Javier, porque le hace feliz, pero a su vez, si la situación permite aplicar la regla descrita, pienso que debería considerar irse solo una vez al año de viaje y no dos, para evitar liquidar sus ahorros.

CONCLUSIÓN:

- Es muy importante contar con un fondo de emergencia.

- A través del ejemplo de Javier, hemos visto lo necesaria que es una planificación financiera adecuada para afrontar acontecimientos inesperados, como pueden ser esos gastos de mantenimiento de una propiedad.

- Se hace necesario establecer un fondo de emergencia de entre 4 y 7 meses de gastos cubiertos es una medida fundamental para garantizar la estabilidad financiera a largo plazo.

- Recordar que en la vida siempre aprendemos y que, aunque cometer errores es común, la reflexión sobre nuestras decisiones financieras puede llevarnos a un mayor bienestar económico.

- El equilibrio es importante de nuevo, de tal manera que Javier trata de encontrarlo para disfrutar del presente, como él quiere, pero sin despistar su futuro financiero.

GLOSARIO:

- *Fondo de emergencia con entre 4 y 7 meses de gastos cubiertos*:* Es un respaldo propio cuya finalidad ha de ser la de hacer frente a situaciones inesperadas sin tener que recurrir a un préstamo u otro tipo de endeudamientos. Podría detallarse de la siguiente forma:

    o *¿Qué utilidad tiene?* Hacer de "colchón" para cubrir gastos inesperados, como emergencias médicas, reparaciones varias o la pérdida de un empleo.

    o *¿Por qué entre 4 y 7 meses de gastos?* Es un intervalo basado en el concepto de tener suficiente dinero ahorrado para cubrir gastos habituales durante el periodo de tiempo señalado, lo que puede proporcionar una protección adecuada sin comprometer demasiado nuestra situación financiera.

    o *¿Cómo se calcula?* Identificando los gastos mensuales propios y promedio, incluyendo cosas como alquileres, seguros, impuestos, facturas de servicios públicos, alimentos, transporte y otros recurrentes que sean particulares de cada uno. Luego, se trata de multiplicar esa cantidad por el número de meses que se desean cubrir.

    o *¿Cuál es el propósito?* Proporcionar estabilidad financiera en momentos de *crisis. De esta forma, podemos evitar endeudarnos o tener que "sacar" dinero de nuestras inversiones a largo plazo, lo que afectaría a las futuras metas financieras.*

- *¿Dónde guardar este fondo? Personalmente, en una cuenta de ahorro o en una cuenta corriente bien estructurada en cuanto a uso se refiere.*

- *¿Cuándo se debería establecer? Lo antes posible, fijando un objetivo realista y haciendo entregas a esas cuentas de forma regular.*

Clave XI

El dinero no compra la felicidad, pero sí ayuda a obtenerla

Para finalizar mi primer libro, y con la esperanza de que éste sea sólo el comienzo de una larga trayectoria de letras basadas en mi experiencia, quiero subrayar lo que realmente me llena de felicidad en esta vida:

- Disfrutar de momentos sencillos como reunirme con mi familia cada domingo para compartir una comida y ver alegría en sus rostros mientras compartimos lo que nos ha deparado la semana.

- Sentir amor y apoyo en mi esposa, en mis hijos y el resto de familia.

- Valorar profundamente el tiempo compartido con amigos, percibiendo su aprecio y compañía en cada encuentro.

- Despertar cada mañana con la sensación de tener un propósito, de enfrentar un nuevo reto y de poder ayudar a mis clientes de manera efectiva.

- Tener la salud presente en los que me rodean.

- Dormir con la satisfacción de haber vivido un día productivo y concluir que las vacaciones son un momento merecido.

Además de ello, pienso que es innegable que la otra salud, la financiera, es una herramienta invaluable que aumenta el valor de todo lo mencionado, y me explico: el dinero no es el último fin para ser felices, pero sí lo veo como una herramienta de valor para alcanzar la libertad financiera. Más que un medio para acumular riqueza, el dinero nos ofrece capacidad para tomar decisiones que nos permiten vivir con seguridad. La libertad financiera no consiste en acumular grandes sumas de dinero, sino en tener el control sobre nuestras finanzas para poder elegir cómo queremos vivir nuestras vidas. Es la capacidad de no depender exclusivamente de un empleo o de ingresos pasivos, sino de contar con recursos para cubrir nuestras necesidades básicas y perseguir objetivos. En última instancia, el dinero bien gestionado nos brinda la libertad de dedicar nuestro tiempo y energía a lo que realmente valoramos en la vida, lo que puede llevarnos a una mayor satisfacción.

CONCLUSIÓN:

El dinero no compra la felicidad, compra tu libertad financiera. El dinero no es la clave de la felicidad, es la herramienta que te ayudará a gestionar tu vida de la forma más efectiva y segura para poder ser feliz.

Palabras del autor:

¡Querido lector!

Al llegar al final de mi libro, siento una mezcla de emociones. Han sido muchos días los empleados para compartir contigo estas historias y claves financieras que quiero creer que facilitan mi vida. En cada página escrita he seguido aprendiendo, generándome a su vez una nueva oportunidad de reflexionar y crecer.

El libro no es solo una serie de letras sobre mi visión financiera, sino una invitación a descubrir tu camino hacia lo que consideres que es tu libertad financiera. Si bien las historias aquí narradas son personales o de mi entorno cercano, mi objetivo ha sido inspirarte a pensar de manera creativa y estratégica sobre tu situación financiera.

Entiendo que cada persona tiene su propia visión y circunstancias únicas, por lo que no pretendo imponer mi verdad como la única. Más bien, espero que hayas encontrado en estas páginas una fuente de inspiración de ideas y motivaciones para iniciar y crear tu propio camino.

Recuerda, las claves financieras que he compartido son sólo un punto inicial. El truco está en cómo las adaptas o combinas a tu vida. Mi deseo es que este libro te haya brindado alguna herramienta necesaria para construir un futuro financiero satisfactorio.

Agradezco sinceramente que me hayas acompañado en este viaje para encontrar tu propia llave a lo que tú consideres como libertad financiera. Espero haberte ayudado o inspirado de alguna manera.

Con todo mi cariño, Diego

Agradecimientos

Gracias Nica, por tu dedicación y esfuerzo en la edición de este libro. Tu apoyo incondicional ha sido clave en cada paso del proceso.

Mi más profundo agradecimiento, amigo I.J.L.B, tu interés en este título y tu perspectiva en ciertos detalles ha sido muy importante para mí.

Gracias a cada una de las personas de mi entorno mencionadas a lo largo de estas páginas. Vuestra permisividad para compartir varias historias ha enriquecido enormemente el proyecto.

Mención a mis padres. Orgulloso estoy de vosotros por ser guía en mi educación, lo que me ha ayudado a establecer los cimientos sobre los cuales he construido mi comprensión de la vida. Vuestra influencia ha sido fundamental en cada paso de mi camino.

Este libro no habría sido posible sin el apoyo y la contribución de cada uno de los mencionados.

A todos vosotros y a aquellos que han sido parte de mi viaje, deciros, gracias.

www.ingramcontent.com/pod-product-compliance
Lightning Source LLC
Chambersburg PA
CBHW052258220526
45471CB00001B/389